Andrea Rhyn

Selbstbiographie von Rudolf Lechler

Selbstbiographie von Rudolph Lechler

Pionier der Basler Mission in China

Ein Fragment

herausgegeben und bearbeitet von Andrea Rhyn

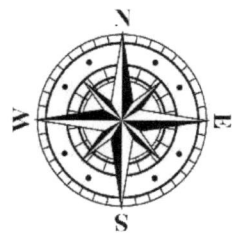

Verlag: BoD · Books on Demand GmbH, Überseering 33, 22297 Hamburg, bod@bod.de

Druck: Libri Plureos GmbH, Friedensallee 273, 22763 Hamburg

ISBN: 978-3-8423-3879-1

Titelbild: Rudolph Christian Friedrich Lechler, 1846, vor seiner ersten Ausreise nach China.

Inhalt

Zur Entstehungsgeschichte der Selbstbiographie von Rudolph Lechler

Als Rudolph Lechler 1899 mit seiner Frau Marie endgültig von China nach Europa zurückkehrte, war er 75 Jahre alt und hatte insgesamt 52 Jahre für die Basler Mission gearbeitet. Viermal war er nach China ausgereist und hatte insgesamt 45 Jahre dort verbracht. In den dazwischenliegenden, sogenannten "Heimaturlauben" hielt Lechler im deutschsprachigen Raum unermüdlich Vorträge über das Land, das er am Ende seines Lebens als seine eigentliche Heimat bezeichnete. Bei der endgültigen Abreise Lechlers aus China existierten in Hongkong und der Provinz Kanton 51 Stationen und Aussenstationen[1] sowie 56 Schulen der Basler Mission.

Zusammen mit Theodor Hamberg aus Schweden war Rudolph Lechler als erster Missionar der Basler Mission 1847 nach China ausgesandt worden. Es stellte sich rasch heraus, dass die Voraussetzungen zur Missionierung viel ungünstiger waren als erwartet. Ausländern war der Aufenthalt ausserhalb der Insel Hongkong damals verboten. Trotzdem sollte Lechler sich auf dem Festland von China, in der Provinz Kanton[2], niederlassen, während Hamberg in Hongkong stationiert wurde. Obwohl Lechler mehrfach vom Festland vertrieben wurde, hielt das Komitee der Basler Mission an der Ansicht fest, dass Lechler auf dem Festland missionieren sollte, bis die politische Situation im 2. Opiumkrieg dies schliesslich gänzlich verunmöglichte.

Die politische Lage in den ersten Jahren Lechlers und Hambergs in China war geprägt von kolonialen Auseinandersetzungen Chinas mit den Westmächten, vor allem mit Grossbritannien, und dem blutigsten Bürgerkrieg aller Zeiten, der Taiping-Rebellion. Zudem erlebten Lechler und Hamberg mehrfach Überfälle auf dem Land und durch Piraten auf See. Die Selbstbiographie Lechlers - geschrieben mit einem zeitlichen Abstand von 50 Jahren - tangiert alle diese Geschehnisse, bleibt aber in deren Beschreibung eher oberflächlich und geht selten auf Details oder die eigene Befindlichkeit ein. Wie emotional oder dramatisch viele dieser Erlebnisse für Lechler waren, lässt sich jedoch in den ausführlichen Berichten an das Missionskomitee in Basel aus der jeweiligen Zeit nachlesen[3].

1899 liessen sich Marie und Rudolph Lechler in Kornwestheim in Süddeutschland nieder, der letzten Pfarrei von Lechlers Vater. In den ersten Jahren nach der Rückkehr hielt Lechler viele Vorträge über China, um das Interesse an der Mission zu fördern und Spenden zu sammeln. Auch kommunizierte er rege mit Angehörigen der Mission, Gemeindemitgliedern in China und ausgewanderten Hakka-Chinesen in Hawaii, Borneo oder Britisch Guyana. Ebenso war er in Kontakt mit Mitgliedern des Missionskomitees in Basel und verschiedenen Universitäten. Oft bekamen die Lechlers auch Besuch von ehemaligen China-Missionaren, ihren Frauen und Kindern, mit denen sie jahrelang auf der gleichen Station gearbeitet hatten.

Im März 1906 schrieb Lechler an Immanuel Layer, Sekretär der Basler Mission[4]:
«Bruder Flad hat schon vor einiger Zeit Herrn Sekretär Würz darauf aufmerksam gemacht, dass ich etwas schreiben könnte wie zum Beispiel Bruder Dieterle - Erinnerungen meiner Missionslaufbahn. Bis jetzt bin ich noch nicht dazu gekommen. Erst in letzter Zeit verspürte ich mehr Antrieb, die Sache in Angriff zu nehmen,

vorausgesetzt, dass ich Quellenstudien machen darf. Ich habe angefangen, die Reise zu beschreiben, welche ja nach damaligen Verhältnissen mit zweirädrigen Wagen für die Passagiere und mit Kamelen für das Gepäck durch die Wüste von Kairo bis Suez gemacht werden musste. Ich bin bis zum Ziel der Reise und der Begegnung mit Gützlaff gekommen und kann auch noch ein wenig weiter erzählen von den ersten Begebenheiten bis zum Tod Hambergs.»

Als Grundlage für seine Selbstbiographie dienten Lechler neben seinen Erinnerungen die Zeitschrift der Basler Mission "Das Evangelische Missions-Magazin", Briefe und seine Tagebücher. Die Tagebucheinträge sind allerdings kurz und stichwortartig. Er verwendete "Lets Rough Diary Scribbling Journal", eine Art Jahresagenda, die pro Tag nur beschränkt Platz zum Schreiben bot. Deshalb bat Lechler Sekretär Layer, ihm aus der Missionsbibliothek in Basel zusätzliche Dokumente zur Verfügung zu stellen. Vor allem wollte er einzelne Jahrgänge der Zeitschrift "Der Evangelische Heidenbote" ausleihen, dem "Hausblatt" der Basler Mission. Auch weitere Drucksachen, zum Beispiel Nachrufe zum Leben von Theodor Hamberg und Philipp Winnes, dem dritten Basler Missionar in China, wünschte er sich und versprach, sie so rasch wie möglich wieder zurückschicken. In Basel ging man auf Lechlers Wünsche ein, und 1906 entstand ein regelmässiger Briefwechsel zwischen Lechler und Layer über die benötigten Dokumente.

Das hier vorliegende Fragment der Selbstbiographie von Rudolph Lechler umfasst die Zeit von seiner Kindheit bis zum Jahr 1861. Aus einem Brief an Layer vom September 1906 geht aber hervor, dass Lechler seine Biographie mindestens bis 1870 geschrieben hatte:

«Ich wollte Sie nur gerne beruhigen wegen des langen Zurückbehaltens des Heidenboten. Sie dürfen unbesorgt sein. Ich bin nun ziemlich soweit fertig, das heisst bis zu Anfang der 70er-Jahre. Das Übrige wird mit Gottes Hilfe auch nicht halb abgetan liegenblieben müssen.»

Da das Manuskript im Archiv in Basel 1861 endet, scheinen die nachfolgenden Seiten zu den 1860er-Jahren verlorengegangen zu sein. Der im Archiv in Basel vorhandene Text hat den Charakter einer Rohfassung mit Durchstreichungen, Ergänzungen und hingekritzelten, möglichen Kapitelüberschriften. In einem Brief an Wilhelm Hoch, dem Leiter der Basler Missionsbuchhandlung, des Verlags der Basler Mission, erwähnte Lechler dazu:

«Ich kam oft längere Zeit nicht zu einer Fortsetzung und habe sogar manchmal Korrekturen vorgenommen, wobei ich ganze Blätter anders geschrieben habe. Bilder besitze ich keine, und ich möchte Dich gerne fragen, wo man solche haben könnte, da es jetzt kaum mehr angeht, ein derartiges Büchlein auszugeben, ohne ihm einigen Bilderschmuck mit auf den Weg zu geben. Ich habe keine Eile mit der Veröffentlichung meiner Biographie. ... Meine Augen fangen auch an trübe zu werden, so dass ich besonders bei Nacht nicht mehr gut schreiben kann.»

Die Sehkraft von Lechler nahm 1906 rapide ab, denn im Januar 1907 informierte er Sekretär Layer:

«Mit meinem Lebenslauf bin ich etwas aufs Trockene geraten. Es ging besser im Sommer als in den trüben Herbst- und Wintertagen. Dazu nahmen meine Augen sehr ab, so dass ich

während des Schreibens oft nicht mehr weiss, wie viele Striche ich schon gemacht habe.»

Das Nachlassen der Sehkraft sowie eine zunehmende Schwäche, ständiger Schwindel und Infektionskrankheiten im Jahr 1907 banden Rudolph Lechler ans Haus. «Kommen dann Missionsgeschwister oder Missionskinder auf Besuch, so dient es zur Stärkung und Ermunterung. Denn es sind ja die lieben alten Bekannten und die chinesische Heimat wird näher gerückt.»

Es ist wahrscheinlich, dass es Lechler in seinem Zustand 1907 kaum mehr möglich war, an der Selbstbiographie weiterzuschreiben. Rudolph Lechler starb am 29. März 1908 im Alter von 83 Jahren an einer Grippe.

Die Sprache Lechlers ist geprägt von seinem religiösen Hintergrund. Er zitiert Bibelsprüche und verwendet Begriffe - vor allem wenn es um Gott und den Teufel geht - häufig im übertragenen Sinn. Wenn Lechler zum Beispiel schreibt, dass "dem Seelenmörder seine Beute entrissen" werden soll, so wäre es für die damalige Leserschaft klar verständlich gewesen, dass damit der Teufel gemeint ist. Ebenfalls zeitgenössisch ist die oftmals militärische Sprache im Zusammenhang mit dem Missionsunternehmen. Die frisch ausgebildeten Missionare verliessen die Missionsschule, um in den "Heiligen Krieg" zu ziehen. Der Feind – die Ungläubigen bzw. der dafür verantwortliche Teufel – musste attackiert werden. Wenn in den Gebieten viele Bekehrungen zum Christentum stattfanden, wurde von Eroberung oder Sieg – Sieg des Evangeliums – gesprochen.

In der folgenden Selbstbiographie werden diese Aspekte des Vokabulars von Lechler in der Regel nicht kommentiert. Auch die heutige Leserschaft wird sich rasch in den Schreibstil Lechlers hineinfinden.

Um Lechlers Anliegen, dass «*es jetzt kaum mehr angeht, ein derartiges Büchlein auszugeben, ohne ihm einigen Bilderschmuck mit auf den Weg zu geben*» zu entsprechen, enthält die vorliegende Publikation seiner Selbstbiographie zahlreiche zeitgenössische Bilder.

Abb. 2. Marie und Rudolph Lechler in Phyang tong, zwischen 1888 und 1899. Bei ihrem letzten China-Aufenthalt waren sie in Hinnen stationiert. Phyang tong war eine Aussenstation davon.

Erstes Kapitel: Heimat und Berufung

Ich bin geboren in Hundersingen, Oberamt Münsingen, wo mein Vater Pfarrer war. Von Hundersingen wurde er nach Adelberg versetzt, Oberamt Schorndorf im Remstal, wo er bis zum Jahr 1838 blieb. Von dort kam er nach Unterweissach, Oberamt Backnang, und bediente diese Gemeinde, welche zahlreiche Höfe und Parzellen hatte, bis er sah, dass seine Kraft nicht mehr ausreichte und er sich um eine leichtere Pfarrei meldete. Eine solche erhielt er in Uhingen, von wo aus er noch einmal wechselte und in Kornwestheim sein letztes Arbeitsfeld fand. Dort ruht er auf dem Friedhof.

Den Schulunterricht genoss ich von meinem seligen Vater. In seiner Studierstube stand ein Tisch, an welchem vier Schüler Platz hatten und wo mit mehr oder weniger Fleiss und Eifer gearbeitet wurde. Wir lernten alle Latein, Griechisch und Französisch, und es war dem lieben Vater sehr daran gelegen, auch den Missionsgedanken früh in unsere Herzen zu pflanzen. Ja, er hätte es gerne gesehen, wenn seine Söhne und Töchter selbst auch in die Heidenwelt gegangen wären. Von Adelberg aus sind auch mehrere Jünglinge in die Mission gegangen und werden später noch Erwähnung finden.

Mein leiblicher Vater war aber auch mein geistlicher. Besonders sind mir seine Bibelstunden zu grossem Segen geworden. Aber vor allem machte es einen tiefen Eindruck auf uns Kinder, wenn wir den lieben Vater zu früher Morgenstunde auf seinen Knien liegen sahen, wo er sein Herz vor Gott ausschüttete, und auch für uns, wie für seine Gemeinde, den Herrn anrief.

Die Konfirmation kam heran, und ich hatte die Zucht des Geistes verspürt, der mir meine Sünden aufgedeckt und die Angst vor dem gerechten Gericht Gottes in mir geweckt hatte. Ich bekannte meine Sünden vor Gott und vor meinem Beichtvater, der mir zeigte, wo ich allein Vergebung und Friede mit Gott finden könnte. So machte ich einen neuen Bund mit meinem Heiland und gelobte, Ihm zu leben, zu leiden und zu sterben und bat Ihn, mich als Sein Eigentum anzunehmen und zu behalten in Zeit und Ewigkeit.

Unsere liebe Mutter war in Adelberg gestorben im Jahr 1834, aber der Herr sorgte für uns und den lieben Vater, indem er uns an ihrer Stelle eine andere, teure Mutter zuführte. Nachdem diese leider nur einige Jahre in unserer Mitte walten durfte, schenkte Er ihrer Schwester Freudigkeit, in die Lücke einzutreten, die sie auch bis auf den Tag ihres Todes, 21. November 1907, mit grosser Liebe und Hingabe ausgefüllt hat.

Nach der Konfirmation trat ich in eine Lehre als Kaufmann bei Herrn Ludwig Schmidgall in Beilstein, wo ich meine Lehrzeit auch ausdiente und so allmählich in das 18. Jahr vorgerückt war. Ich wartete auf ein Zeichen von Gott, ob ich Missionar werden dürfte, und siehe da: Es kam in unerwarteter Weise. Das Nervenfieber grassierte damals in Unterweissach und kehrte auch im Pfarrhaus ein. Ich wurde selbst auch davon befallen, und das Fieber wurde so heftig, dass der Arzt erklärte, ich werde es nicht durchmachen und entweder von der Hitze des Fiebers oder an darauf eintretender Schwäche sterben. Ich selbst erhielt dagegen die innere Versicherung: Du wirst nicht sterben, sondern wieder gesund werden und zu den Heiden gehen, um ihnen das Evangelium zu verkündigen! Das war eine Freude, und wir dankten von Herzen dem Herrn. Es trat auch wirklich eine Wendung zur Besserung ein, und es dauerte nicht lange, dass ich mich zur Aufnahme als Zögling im Missionshaus in Basel melden konnte.

Es wird dort verlangt, dass ein Petent seinen Lebenslauf einsende und eine Beglaubigung von einem bekannten Missionsfreund beilege. Demgemäss schrieb ich einen kurzen Lebenslauf, und mein Vater, der dem damaligen Inspektor Hoffmann in Basel persönlich bekannt war, stellte die Beglaubigung aus. Nach einigem Warten kam jedoch eine abschlägige Antwort von Basel mit der Bemerkung, dass es dem Komitee erschienen sei, als wäre der junge Mann noch nicht gefestigt genug in seinem inneren Leben, so dass er das Missionshaus gleichsam als eine Zufluchtsstätte betrachtete, um vor der Welt bewahrt zu bleiben. Doch schrieb Herr Inspektor Hoffmann meinem Vater, dass ich mich bei nächster Aufnahme von Zöglingen in Basel wieder melden solle. Ich werde dann ohne Zweifel aufgenommen werden. Herr Inspektor Hoffmann riet auch dazu, dass ich das Wartejahr wo möglich bei meinem Vater zubringen solle, unter dessen Leitung ich meine Studien der alten Sprachen, die er mich bereits gelehrt hatte, weiter fortsetzen könnte. Denn dadurch könnte ich einen Vorsprung erreichen, der es möglich machen würde, mehrere Klassen der Zöglinge im Missionshaus einzuholen, so dass kein Zeitverlust zu beklagen wäre. Noch danke ich meinem seligen Vater für dieses Jahr der Vorbereitung, das ich bei ihm habe zubringen dürfen. Ich machte mit ihm Besuche bei Kranken, ging in die Schulen und Versammlungen und richtete das Bibelstudium nach seinem Rat ein. Nicht weniger fühlte ich mich der lieben Mutter zu Dank verpflichtet für ihre Liebe und für ihre Teilnahme an meiner Absicht, Missionar zu werden. Wir sagen Gott Lob und Dank, dass Er uns diese liebe Mutter bis in ihr 93. Jahr erhalten und uns den

Genuss ihrer Liebe vergönnt hat, dehnte sie dieselbe doch auch auf die Zeit, da Eins und das Andere hilfsbedürftig von dem Missionsfeld heimkehren musste und in seiner Trübsal die liebreiche Aufnahme bei der lieben Mutter fand. Insbesondere haben die Enkel Genähr und Krolezyk viel zu rühmen an leiblichen und geistlichen Wohltaten, die sie von der lieben Grossmama als mutterlose Waisen empfangen haben.

Die Zeit ging schnell vorüber. Meine Aufnahme als Zögling im Basler Missionshaus war gewährt worden, und im August 1844 war ich wirklich auf der Reise nach Basel. Damals konnte man noch nicht überallhin per Eisenbahn reisen. Man nahm den Weg sogar noch hie und da unter die Füsse. Doch durfte ich nicht allein reisen, da ich einen sehr angenehmen Reisebegleiter bekommen hatte in der Person eines Pfarrkinds meines Vaters aus Adelberg[5]. Von dort waren drei Brüder Bühler in Basel erzogen worden. Der erste, namens Michael, hat später das theologische Examen in Basel gemacht und hat als Kandidat der Theologie Unterricht gegeben im Missionshaus. Zwei Jahre später zogen wir auf eine andere Reise miteinander aus: Bühler als Missionar nach Indien und ich nach China. Der zweite Bruder, Jakob, wurde Prediger in Amerika, während der dritte, Gottlob, als Missionar in Afrika gestorben ist.

Der Abschied von Eltern und Geschwistern hatte nichts Herbes, denn es ging vor der Hand nur nach Basel, von wo aus die Zöglinge in der Vakanz nach Hause zurückkehren durften. Aber ein höheres Ziel schwebt den Missionsleuten vor Augen, nämlich auf die Fahne zu schauen, mit der der Herzog unserer Seligkeit winkt, und Ihm zu folgen, wenn es auch in den Tod ginge. Die Reise ging über Tübingen, Balingen, Tuttlingen nach Schaffhausen und von dort per Omnibus nach Basel. Unterwegs hatten wir nicht nötig, Nachtherberge in einem Hotel zu suchen. Da war Pfarrer Pichler in Mössingen, Dekan Heim in Tuttlingen, Pfarrer Mögling in Aldingen und Pfarrer Deggeler in Schaffhausen - alle Missionsfreunde, die sich freuten, reisenden Missionsleuten eine Nachtherberge zu gewähren. Nun war ich am Ziel von meines Herzens Wunsch und Sehnen angekommen. Ich befand mich als Zögling im Missionshaus zu Basel. Wie lange werde ich mich in diesen heiligen Hallen aufhalten, und wann werde ich ausziehen dürfen, um den Heiden zu sagen, dass sie auch einen Heiland haben? Doch ich will nichts wünschen und wollen, ohne was der Herr will.

Zweites Kapitel: Aufenthalt in Basel

Zunächst galt es, sich mit seinen Klassengenossen sowie mit dem Lernstoff bekannt zu machen. Die Vorbildung ist sehr verschieden und fordert weise Berücksichtigung. Ich war in die 4. Klasse gekommen und fand keinen Kollegen, der die alten Sprachen gekannt hätte. Da traf es sich günstig, dass etwas verspätet noch ein Bruder aus Schweden eintraf, der geschildert war als von hoher Gestalt und feinem Gesichtsausdruck, gebildeten Manieren und einnehmendem Wesen. Er hatte in Stockholm auf einem Kontor gearbeitet, war dort bekehrt worden und wollte nun auch anderen, besonders den Heiden, dazu verhelfen, den Weg des Lebens zu betreten. Dieser liebe Bruder namens Hamberg wurde nun gerade an meine Seite gesetzt, und es ergab sich bald, dass wir zusammen gehen konnten, sowohl in Beziehung auf die Lektionen, die wir bekommen sollten, als auch in Beziehung auf unsere Sympathien im Allgemeinen. Unsere Herzen waren bald aufs Innigste verbunden.

Abb. 3. Theodor Hamberg 1846 vor seiner Ausreise nach China.
Die Basler Mission liess von jedem Missionar vor der Ausreise ein
Porträt anfertigen, welches im Missionshaus aufgehängt wurde.

Die Lehrer waren: Herr Inspektor Hoffmann, der Dogmatik im Missionshaus für die älteren Klassen der Zöglinge gab. Auch gab Herr Inspektor Geographie, was ein Lieblingsfach von ihm gewesen ist. Dann gab er auch Vorlesungen an der Universität in Basel, und welche von den Missionszöglingen genug Kenntnis der alten Sprachen hatten, durften hingehen um mitzuhören. Herr Inspektor Hoffmann dozierte Kanonik. Ferner gab Herr Inspektor Exegese über die Briefe Pauli an die Thessaloniker. Wir hörten auch Kirchengeschichte von Herrn Professor Hagenbach, Herr Dr. Ostertag lehrte uns die Geschichte des Alten Bundes. Zu gegenseitiger Erbauung dienten die Morgen- und Abendandachten sowie die Konferenzen, welche sowohl mit den Lehrern als auch mit den einzelnen Klassen gehalten wurden. Da sollte jeder sein Herz ausschütten dürfen, wenn ihm etwa Zweifel erwacht wären über sein eigenes inneres Leben oder über seinen Beruf zum Missionar. Da durften auch Mitteilungen gemacht werden über erfahrene, besondere Gnadenerweisungen, was auch zu besonderem Lob und Preis Gottes aufforderte. Die engste Gemeinschaft des Geistes vollzog sich unter den Zöglingen in den Gebetskämmerlein im obersten Stock des Missionshauses. Dorthin konnte man zu jeder Zeit einen Bruder bitten zu kommen, um gemeinschaftlich die Knie zu beugen, um Trost, ja Friede und Freude, Leben, Licht und Weide aus der Fülle des göttlichen Gnadenschatzes zu holen. Unter solchen Umständen ist es gewiss nicht zu verwundern, wenn einem das Missionshaus eine geistliche Heimat wird, in der es einem nach Leib und Seele wohl sein kann. Und doch ist man nicht hier, um Hütten zu bauen, sondern man freut sich, wenn die Vorbereitung zum Abschluss kommt und man sich anschicken darf, dem eigentlichen Ziel entgegenzugehen.

Abb. 4. Das alte Missionshaus am Leonhardsgraben in Basel. Hier studierten Rudolph Lechler und Theodor Hamberg zusammen. 1860 zog die Basler Mission in ein grösseres Missionshaus ausserhalb der Stadtmauern.

Damals waren die Augen der Missionsfreunde auf China gerichtet worden, wo eine Regung des Geistes Gottes zu neuen Hoffnungen zu berechtigen schien. Es war der erste deutsche Missionar, Dr. Karl Gützlaff, der von Hongkong aus ausserordentlich interessante Berichte nach Europa schickte über neue Erweckungen an Chinesen, die ihre Echtheit damit bewiesen, dass sie die von ihnen empfangene Wohltat des Evangeliums sogleich auch ihren Landsleuten mitteilen wollten. Die Neubekehrten zogen aus, um mit Wort und Schrift, Predigt und Bibel die Wahrheit zu bezeugen und so den Weg zu öffnen, dass das Evangelium Eingang in China finden konnte, während die Tore des grossen Reiches nur an fünf Hafenstädten geöffnet waren und es sehr mangelte an europäischen Arbeitern. Dr. Gützlaff veranlasste mit viel Zureden die Basler und Barmer Gesellschaften, ihm zu Hilfe zu kommen und vier Missionare auszusenden, die sich der Leitung der Neubekehrten annehmen und als Chinesen den Chinesen ganz und gar sich hingeben sollten. Die Wahl war auf Bruder Hamberg und mich als Basler Sendboten gefallen zu denen sich die Brüder Genähr und Köster von der Barmer Mission gesellten. Die Überraschung war für mich sehr gross, denn ich fühlte, wieviel Vorbereitung ich noch hätte brauchen können. Aber bald konnte ich mich der Gnade freuen, die mir widerfahren war, und konnte mich ganz in die Hand des Herrn legen.

Mein seliger Vater war zu meiner Einsegnung nach Basel gekommen sowie auch Herr und Frau Pfarrer Stotz von Neckarweihingen, mit welchen wir innig verbunden waren und es später noch mehr wurden, indem deren älteste Tochter Marie meine getreue Ehegattin wurde und 40 Jahre lang an meiner Seite Freud und Leid in der Missionsarbeit und China mit mir teilte. Im

November 1846 hatte sich eine Schar christlicher Sendboten im Missionshaus in Basel angesammelt, um fröhlich hinauszuziehen zum heiligen Krieg. Es waren zwei Brüder, Koester und Genähr, von Barmen; vier Brüder, Mögling, Bühler, Hoch und Deggeler von Basel, für Indien und zwei, Hamberg und ich, für China. Bruder Mögling, der schon einmal in Indien gewesen war, sollte unser Anführer sein, und wir sollten alle vier über Indien reisen, um gleich zum Einstand ein Missionsfeld kennenzulernen, das so innig mit Basel verbunden ist und bereits seit längerer Zeit die sorgfältigste Bearbeitung geniesst. Eine besondere Freude war es für mich, Bruder Bühler von Adelberg in der Reisegesellschaft zu haben, sowohl um der früheren Bekanntschaft willen als auch um deswegen, dass er mein Lehrer war im Hebräischen und Englischen.

Drittes Kapitel: Die Ausreise

Nach China geht der Weg! Wo liegt dieses verhältnismässig unbekannte Land, und was für Menschen leben dort? Es geht dem Aufgang der Sonne entgegen, und die Chinesen nennen ihr Land selbst "das Reich der Mitte". Man hat auch gehört, dass eine Mauer das ganze grosse Reich umgebe und dass alle Ausländer von demselben ausgeschlossen seien. Auf chinesischen Bildern sieht man, dass die Männer Zöpfe tragen und die Frauen Hosen - Beinkleider. Aber sie halten sich selbst für die gebildetsten Menschen, die berufen seien, allmählich die umliegenden barbarischen Völker umzuwandeln und sie mit chinesischer Kultur zu beglücken. Gelingt diese Umwandlung, so werden aus den Barbaren erst Menschen. Anders nennen die Chinesen uns "fan kui", das heisst "fremde Teufel". Pfui! Was für böse

Menschen müssen die Chinesen sein, und doch steht bei ihnen das Wort "Tugend" hoch, und die Weisen Chinas dürfen ebenbürtig den Weisen Griechenlands zur Seite stehen. Sie haben auch drei Religionen, die des Konfuzius, des Buddha und des Lanayem (Lao tse), aber keinen Heiland. Denn es ist in keinem anderen Heil, als auch kein anderer Name den Menschen gegeben, darin sie sollen selig werden, als der Name Jesu. Diesen wollen wir nun auch den Chinesen bringen.

Damals gab es noch nicht so viele Eisenbahnen wie jetzt, und wir mussten mit der Post durch ganz Frankreich fahren bis Marseille. Das dauerte eine ganze Woche, und wir waren froh, dass endlich das Ziel erreicht war und wir den Dampfer sahen, mit dem wir die Fahrt durch das Mittelmeer zu machen hatten. Das ist ein wundervoller Bau, ein solch grosses Dampfschiff. Aber los von dem Anker und den Wellen überlassen, führt es Tänze auf, die den Passagieren höchst unangenehm werden können. Die Schwankungen des Schiffes bringen nämlich die Seekrankheit mit sich, und wenn dieselbe einige Tage anhält, was gewöhnlich der Fall ist, so wird man ganz apathisch, sowohl gegen sich selbst als auch gegen seine Umgebung. Es ist einem nämlich zu Mut, als würde einem das Sterben nicht mehr schwer. Glücklicherweise gab es eine Unterbrechung auf dieser ersten Strecke unserer Seereise, indem der Dampfer bei der Insel Malta, wo einst Paulus Schiffbruch erlitten hatte, vor Anker ging, was uns Gelegenheit gab, an Land zu gehen. Dort trafen wir mit Bischof Gobat zusammen, der auf der Reise war nach Jerusalem, um sein Bischofsamt dort anzutreten. Er hatte die Güte, uns zum Essen einzuladen, was unseren übel zugerichteten Mägen sehr zugute kam. Mit herzlichem Dank schieden wir von diesem treuen Gottesmann. Von Malta ging es geradewegs nach Ägypten. Der

Dampfer landete in Alexandria, und wir sahen die schwarzen Gestalten der Nachkommen Hams[6]. Es gab damals noch keinen Suezkanal, sondern der Weg führte durch die Wüste von Kairo bis Suez. Dazu waren zweirädrige Wagen vorhanden, in denen je sechs Personen Platz hatten, und das Gepäck wurde auf Kamele geladen. Von abends sechs Uhr dauerte die Reise bis den anderen Abend um vier Uhr, so dass es nicht an Zeit und Gelegenheit fehlte, seine eigenen Betrachtungen anzustellen. Was knüpfte sich nicht alles an die Pyramiden, die wir von ferne sehen konnten, und an das rote Meer, in welchem der Pharao mit seinen Reisigen ertrunken war, an den Berg Sinai, auf welchem Moses das Gesetz aus Gottes Hand empfing. Man weiss, dass Kanaan in der Nähe ist und Jerusalem existiert, wo der eingeborene Sohn Gottes, den der Vater aus Ägypten gerufen hat, in der Stadt Davids gewandelt, gelehrt, geheilt und endlich sein Leben dargelegt hat zur Versöhnung Gottes mit der Welt. Gott sei Dank, dass Sein Wort die Wahrheit ist und allen Völkern zum Heil dient. Wir sind auf dem Weg, dasselbe auch den Chinesen zu bringen.

In Suez waren wir glücklich angekommen, erfuhren aber zu unserem Schrecken, dass keine Kajüten auf dem englischen Dampfer vakant seien, alle waren schon besetzt. Was sollten wir tun? Bruder Mögling gab Rat, dass wir, wenn keine Kajüten mehr vorhanden seien, als Deckpassagiere mitfahren wollten, und er erbot sich, zuerst eine Stelle auf Deck einzunehmen und auf eine Kajüte zu verzichten. So konnte es arrangiert werden, dass wir alle acht jeder ein Plätzchen bekam, wo er in der Nacht schlafen konnte und bei Tag sich im grossen Saal des Schiffes aufhalten. Der Dampfer war alt und machte nicht viele Meilen in der Stunde, so dass wir zu der Strecke, die man jetzt in sechs bis acht Tagen macht, 14 Tage oder mehr brauchten. Endlich kamen wir in die Nähe von Indien. Eine Engländerin fragte mich, ob ich Indien rieche? In der Tat war es ein Wohlgeruch, der von dem Sandelholz herkam, aus welchem in Indien wie auch in China und auf den Sandwich-Inseln der Weihrauch für das Götzenopfer bereitet wird. Es dauerte nicht mehr lange, so rasselte die Ankerkette des Dampfschiffes und dasselbe stand still, festgehalten durch den Anker, der sich am Boden des Meeres fest gemacht hatte. Der zweite Teil unserer Reise war vollbracht. Hier trennten wir uns von den Brüdern, die ihr Arbeitsfeld in Indien haben sollten, während uns noch eine längere Seereise bevorstand.

Indessen wurden wir freundschaftlichst von den Missionaren in Bombay aufgenommen. Hamberg kam zu einem Engländer, die beiden Brüder Genähr und Koester fanden Aufnahme bei dem Bruder Isenberg und ich bei Missionar Brandt. Es entstand nun die Frage, wie wir weiterreisen sollen. Die bisherigen Erfahrungen auf den Dampfschiffen waren nicht sehr einladend, besonders von dem Gesichtspunkt aus, dass es gar geräuschvoll auf denselben zuging und wir wenig Gelegenheit hatten, in der Stille für uns zu studieren. In dieser Beziehung wären wir besser gefahren mit einem Segelschiff, für welches wir uns endlich auch entschieden haben. Unsere Seereisen umfasste das Mittelmeer, den indischen Ozean und die chinesische See. Wir hatten im Ganzen einen Aufenthalt von drei Wochen in Bombay, ehe unser Schiff segelfertig war, welche Zeit wir benützten, die Mission in Indien etwas näher kennenzulernen und mit den Missionaren Candy, Nisbeth, Isenberg, Brandt und Stephenson Umgang zu haben. Mit innigem Dank gegen Gott für all das Gute, das wir in Bombay erfahren durften, gleichsam zu einer Wegzehrung für die Weiterreise, nahmen wir Abschied von

Bombay und den lieben Freunden und Brüdern dort und richteten unser Angesicht stracks nach China.

Viertes Kapitel: Von Bombay nach Hongkong

Es traf sich sehr günstig, dass auf demselben Schiff, auf dem wir Passage genommen hatten, zwei chinesische Zimmerleute mitreisten, die in ihre Heimat zurückkehren wollten. Dieselben hatten einige Bekanntschaft mit den chinesischen Schriftzeichen und waren uns zu grossem Dienst. Wir hatten uns noch daheim auch ein wenig in der chinesischen Sprache umgesehen mit Hilfe eines Büchleins von Pater Rocher und gefunden, dass der ganze Reichtum der Zeichen in 214 Klassen eingeteilt ist und ebenso viele Schlüsselzeichen oder Radikale vorhanden sind, welche die Grundlage zur Erlernung der chinesischen Schrift bilden. Es gelang uns, mit Hilfe unserer gelehrten Zimmerleute, uns durch die zwanzig Dialoge in Rochers Buch durchzuarbeiten, so dass wir bei unserer Ankunft in Hongkong schon ein wenig Chinesisch sprechen konnten. Auf diese Weise wurde uns auch die Zeit nicht gar zu lange, denn die Segelschifffahrt ging doch etwas langsam vorwärts, und wir brauchten über zwei Monate zu ihrer Vollendung. Am 6. Februar 1847 befanden wir uns auf der Reede von Batavia, und unser Kapitän wollte hier gerne Briefe abgeben. Er lud uns ein, mit ihm an Land zu gehen, was wir von Herzen gern taten, weil wir so Gelegenheit bekamen, die schönste von den Inseln Holländisch-Indiens zu betrachten. Das Vergnügen sollte uns aber teuer zu stehen kommen. Ein Sturm erhob sich am Nachmittag, und es wurde den Schiffen ein Zeichen gegeben von der Regierung, dass kein Boot auslaufen dürfe, da es lebensgefährlich wäre, dem Sturm und den Wellen Trotz zu bieten, und weil sich auch viele Alligatoren am Ufer gezeigt hatten. So bekamen wir einen unfreiwilligen Aufenthalt auf der Insel Java von mehreren Tagen, bis der Sturm sich wieder gelegt hatte und wir mit unserem Boot es wagen durften, auf die hohe See zu fahren. Glücklich wieder an Bord unseres Schiffes angekommen, dankten wir dem Herrn für seine gnädige Bewahrung und baten um günstigen Wind zur Beschleunigung unserer Reise. Doch dauerte es noch bis zum 19. März 1847, an welchem Tag wir in der Frühe in Hongkong ankamen.

Fünftes Kapitel: Eintritt in China und erste Eindrücke

Das Ziel war also unter Gottes gnädigem Schutz erreicht. Wir waren jetzt in China und sollten den Kampf aufnehmen gegen 400 Millionen Götzendiener, die unter dem Betrug des Teufels, des Fürsten dieser Welt, von Gott nichts wussten, noch viel weniger einen Heiland kannten, deren Seelen jedoch auch mit dem Blut Jesu erkauft sind und Ihm gehören als Beute seines Kreuzes. Dem Seelenmörder seine Beute zu entreissen und ihrem rechtmässigen Herrn zuzuführen, das ist die Aufgabe der Mission. Und die Ausrüstung, derer wir bedürfen, ist die geistliche Waffe des Evangeliums, mit der wir den Kampf aufnehmen müssen, nicht zweifelnd, dass der Sieg auf unserer Seite sei.

Dr. Gützlaff war von einer holländischen Missionsgesellschaft ausgesendet worden und hatte mehrere Jahre unter den Chinesen gearbeitet, die nach Holländisch-Indien ausgewandert waren. Das waren meistens Hoklo-Chinesen von der Provinz Fukkien und der Präfektur Tschau tschu in der Provinz Quangtung. Gützlaff hatte sich namentlich den Hoklo-Dialekt so angeeignet, dass er ihn sprach wie ein Eingeborener. Dies sowie seine etwas

Abb. 5. Karl Friedrich August Gützlaff (ohne Datum). Ab 1832 hielt er sich als deutscher Freimissionar in China auf. Seine mitreissenden Appelle um Unterstützung auf dem "Chinesischen Missionsfeld" waren der Grund, dass die Basler Mission und die Barmer Mission 1846 beschlossen, einen Versuch mit je zwei Missionaren zu wagen.

chinesisch aussehende Physiognomie und dunklen Haare berechtigten ihn zu der Hoffnung, als Chinese passieren zu können, solange die chinesische Regierung ihr Verbot, einen Ausländer nach China hereinzulassen, würde aufrechterhalten wollen. Es liegt aber auf der Hand, dass dieses eine höchst prekäre Spekulation war, die der Missionsarbeit wenig Aussicht auf Erfolg gewährte, und dass es unumgänglich nötig sei, die Chinesen selbst heranzuziehen, um Evangelisationsarbeit in diesem grossen Reich zu treiben. Und es bedürfte nur europäischer Aufseher, die in den gesammelten Gemeinden Ordnung hielten. Und diese Stellung sollten wir zunächst einnehmen.

Als wir auf Gützlaffs Bureau kamen, wurden wir aufs Herzlichste von ihm empfangen, und er entwickelte vor uns sein Programm, womit er uns nicht wenig begeisterte. Wir hatten ja auch schon daheim die begeisternden Berichte von den Mitgliedern des chinesischen Vereins[7] in Hongkong im Calwer Missionsblatt gelesen, und nun standen diese Männer vor uns, welche die dort beschriebenen Predigtreisen selbst gemacht hatten und gleichsam als Zeugen für die Wahrheit ihrer Aussagen einstanden. Zu ihnen fühlten wir uns in herzlicher Glaubensgemeinschaft hingezogen, und wir waren bereit, sobald wir nur der Sprache noch besser mächtig geworden sein würden, mit ihnen auszuziehen, um den Heiden das Evangelium zu verkündigen. Nun sollten wir auch unsere zeitweilige Wohnung in Augenschein nehmen. Auf dem Weg dorthin machten wir Frau Gützlaff unsere Aufwartung, welche uns auch mit der wärmsten Herzlichkeit empfing. Es war ein tropischer Regentag, und unsere Kleider nebst Bettzeug war alles nass geworden. Dr. Gützlaff hatte ein Haus für uns gemietet, wo wir direkt einziehen und gleich in der ersten Nacht dort schlafen könnten. Um des strömenden Regens willen erlaubte Frau Gützlaff das nicht, sondern machte Quartier für uns in ihrem Haus. Am anderen Tag konnten wir dann einziehen und uns allmählich mit unserer neuen Lebensweise zu befreunden suchen. Unsere Wohnung war nämlich im Chinesen-Viertel, wo es nicht sehr reinlich aussah. Unsere europäischen Kleider konnten wir bei Seite legen, da wir uns chinesisch kleiden sollten, um beim Volk weniger Aufsehen zu erregen. Das Essen wurde auch chinesisch zubereitet und mit den Essstäbchen gegessen. Alle diese Veränderungen machten uns keinen Kummer. Im Gegenteil gaben sie Anlass zu manchem Spass. Ernstere Verhandlungen pflegten wir mit Dr. Gützlaff über unsere Arbeit, die zunächst in der Erlernung der chinesischen Sprache bestand, um danach Gebrauch davon machen zu können zur eigentlichen Missionsarbeit.

Sechstes Kapitel: Arbeitsverteilung

Unter der Voraussetzung, dass bereits christliche Gemeinden durch die Mitglieder des chinesischen Vereins gestiftet worden seien, teilte Dr. Gützlaff einem jeden von uns eine Anzahl solcher zu nebst den ihnen vorstehenden Diakonen. Wir sollten trotz mangelhafter Sprachkenntnis sogleich Reisen unternehmen und nur von Zeit zu Zeit nach Hongkong kommen zu geistlicher Stärkung im Bruderkreis. Auch zur Förderung in der Sprach-kenntnis sei es viel besser, einen ununterbrochenen Aufenthalt unter dem Volk im Land zu nehmen, als sich auf den Lehrer zu verlassen und sich mit demselben auf die Studierstube zu beschränken oder dem Volk gegenüber den Lehrer als Dolmet-scher zu gebrauchen. Das leuchtete uns alles sehr ein, insbesondere, da die chinesische Sprache an einer Wortarmut leidet, welche durch einen Unterschied in der Betonung gehoben werden soll. Diese muss man sich aneignen.

In der Provinz Quangtung, welche zunächst unser Arbeitsfeld werden sollte, werden drei verschiedene Dialekte gesprochen: Punti, Hakka und Hoklo. Die Punti-Chinesen brüsten sich, die ursprünglichen Besitzer des Landes zu sein und sehen mit Verachtung auf die Hakka-Chinesen herab, welche sie als Eindringlinge betrachten, was auch ihr Name besagt, denn Hakka heisst "ein Gast", "ein Fremder". Sie kommen zumeist von den Ufern des Jang tse Kiang her. Zwischen diesen zwei Völkern ist viel Zank und Streit bis zur Kriegführung und teilweisen Vernichtung. Die Hoklo-Chinesen stammen von der Provinz Fukkien und sprechen einen Dialekt, den die beiden anderen, obgleich Nachbarn, nicht verstehen. Dr. Gützlaff teilte nun die Provinz von 20 Millionen Einwohnern so unter uns vier Missionare auf, dass die beiden Barmer Brüder unter den Punti-Chinesen, Bruder Hamberg unter den Hakkas und ich unter den Hoklos arbeiten sollten. Unsere Sprachlehrer wurden unter den Mitgliedern des chinesischen Vereins gewählt, verstanden aber kein Deutsch, so dass wir uns desto mehr anstrengen mussten, recht bald Chinesisch zu verstehen.

Es ist bekannt, dass die Chinesen sich einer Zeichenschrift bedienen und dass jeder Begriff sein eigenes Zeichen hat. So wird das Zeichen für "Mensch" mit zwei Strichen geschrieben 人 , welche die Füsse darstellen. "Mund" wird mit einem Viereck geschrieben 口 und "Auge" 目 mit zwei Strichen in einem Parallelogramm. Das sind die idiographischen Zeichen, welche mit Bildern die Bedeutung darstellen. Für Zeichen, welche abstrakte Begriffe darstellen, haben die Chinesen auch gesorgt, und zwar so, dass wenn dem Viereck für "Mund" 口 vier Striche zugefügt werden 言 das Zeichen nun bedeutet "was aus dem Mund hervorgeht", nämlich "die Rede", "das Wort". Da ist ausserdem noch ein Zeichen vorhanden, wo dem Zeichen für "Wort" das Zeichen für "Mann" zur Linken gestellt ist 信 und "Treue", "Glauben", darstellt. Da es der Schriftzeichen 40'000 gibt, so könnte man sich lange damit beschäftigen, dieselben zu etymologisieren. Man würde dabei manche Entdeckung machen wie Ernst und Humor in dieser grossartigen Schöpfung mitgewirkt haben, um ein solches Sprachsystem zu Tage zu fördern. Aber die Chinesen geben sich selbst nicht mit solchen Forschungen ab, sondern nehmen ihren Sprachschatz als ein Geschenk der Götter und sehen mit Verachtung auf die Buchstaben der Ausländer herab. Die Missionare sind genötigt, viel Zeit und Mühe auf die Erlernung der Schriftzeichen zu verwenden; denn fürs Erste müssen sie sich darum kümmern, was die Chinesen glauben und wie ihre Religion beschaffen sei. Um dies zu erreichen, ist ein gründliches Studium der chinesischen Klassiker erforderlich, und diese sind nur in chinesischen Schriftzeichen abgefasst und in einem sehr prägnanten Stil geschrieben. Fürs Zweite ist es dann nötig, dem Chinesen-Volk Gottes Wort vorzulegen, dass es auch ihnen süsser leuchte und ein Licht auf ihrem Weg werden muss. Hier ist ein Vorteil zu verzeichnen auf Seiten der Schriftzeichen, nämlich der, dass dieselben für alle Untertanen des chinesischen Reichs gleich sind und nur die Aussprache verschieden ist. Das heisst, dass das Zeichen 人 "Mensch" einen Menschen bedeutet und das Zeichen 口 "Mund", einen Mund vorstellt, ob nun ein Chinese von Peking, Nanking oder Kanton es zu Gesicht bekommt. Dies hat zur Folge, dass die Übersetzungen der Bibel sowie Traktate und wissenschaftliche Bücher in allen 18

Provinzen des grossen chinesischen Reichs gelesen werden können, gleich wie ja auch die Edikte des Kaisers, der in Peking thront, von seinen 400 Millionen Untertanen in den 18 Provinzen sowie darüber hinaus in den Vasallen-Ländern verstanden werden.

Ein Anderes ist es mit der Umgangssprache. Da gibt es zahlreiche Dialekte, so wie ich schon gesagt habe, dass es in der Provinz Quangtung davon drei gebe: Hakka, Punti und Hoklo. Und zwar sind sie so verschieden voneinander wie die Sprachen des europäischen Kontinents. Man nehme zum Beispiel unsere arabischen Zahlen und lasse sie einen Engländer lesen, so wird er sagen: Das heisst one, two, three, four. Ein Franzose wird lesen un, deux, trois, quatre und so weiter. Die Umgangssprache ist jedoch leichter zu erlernen als die Schriftsprache, weil die Grammatik sehr einfach ist. Es gibt keinen Artikel, das Verb steht immer im Infinitiv. Konjugationen und Deklinationen sind unbekannt. Daher kommt es auch, dass Kinder von Europäern sich das Chinesische leichter aneignen als die deutsche oder englische Sprache. Ein grosser Mangel, der der Umgangssprache anhaftet, ist Wortarmut. Ursprünglich seien es nur 400 Worte gewesen, die den Chinesen zu Gebot standen zum Ausdruck ihrer Gedanken. Deshalb verfielen sie auf ein Mittel, um ihren Wortvorrat zu bereichern, indem sie verschiedene Töne anwandten, wodurch das eine Wort vervielfältigt wurde. Aber es ist unmöglich, davon eine klare Beschreibung zu machen. Genüge es zu sagen, dass diese Töne die Krux sind in der chinesischen Umgangssprache und dass, wer gut Chinesisch sprechen lernen will, sich eben diese Töne aneignen muss, um verstanden zu werden. Die Handhabung der Schriftsprache ist dagegen sehr schwierig und deren Aneignung nicht leicht zu erreichen. In meinen "Vorträgen"[8] ist mehr darüber mitgeteilt.

Abb. 6. Dieser Stich wurde 1868 in der Zeitschrift "Der Evangelische Heidenbote" mit dem Titel "Die Stadt Victoria auf der Insel Hongkong" abgebildet.

Siebtes Kapitel: Die ersten Reisen

Wir müssen uns trennen, und jeder muss für sich suchen, seinen Weg zu finden. Unser Ziel war ja das gleiche, nämlich die Evangelisierung eines heidnischen Volkes, das nach Millionen zählte, von denen täglich Tausende in die Ewigkeit hinübergehen müssen, ohne den Vater und Seligmacher zu kennen, der uns allein vor der Hölle behüten kann. Wohl bilden sich die Chinesen ein, einen solchen Vater zu kennen. Aber es ist Buddha, ein indischer Götze, welchem die Seelen der Chinesen ausgeliefert worden sind, seitdem Konfuzius erklärt hat, dass er nur für das Leben lehre, vom Tod aber nichts wisse. Damit sind dem Buddhismus Türen und Tore aufgeschlossen worden in China. Da steht die ganze Macht des Heidentums wie erdrückend dem Missionar gegenüber, und er fragt sich: «Wie willst Du es angreifen, um all den Schwierigkeiten zu begegnen, die der Fürst der Finsternis noch besonders in China geschaffen hat, um sein Reich zu behaupten?» Da ist vor allem die hermetische Abschliessung des chinesischen Reichs gegen alle Ausländer. Zwar ist durch den Frieden von Nanking 1842 die Zusage erlangt worden, dass fünf Hafenstädte der Küste entlang freigegeben werden sollen für den Zutritt der Ausländer, so dass auch Missionare die Erlaubnis haben sollen, in diesen fünf Hafenstädten zu wohnen und, ihrem Beruf gemäss, Mission zu treiben. Aber eine solche Einschränkung wird drückend, ja schliesslich unmöglich, sobald das Evangelium Wurzel fasst und seine Zweige weiter ausbreitet. Man erinnert sich, dass wir getrennt vorgehen und jeder mit einigen Leuten aus Dr. Gützlaffs chinesischem Verein gegen die Festung Sturm laufen wollen, die seit Jahrtausenden für unbezwinglich galt. Hat doch der berühmte chinesische Staatsmann Tsen Kwok Fong dem chinesischen Kaiser eine Bittschrift vorgelegt, in welcher er rät, die Missionare gewähren zu lassen, weil sie unschädlich seien. Die Religion des Konfuzius stehe so fest wie Himmel und Erde und habe schon manche Stürme überlebt und werde sich auch fernerhin nicht vor der Religion zu fürchten haben, die vom Ausland sei.

Ich befinde mich auf einem chinesischen Boot und bin im Begriff, über den Hafen von Hongkong zu fahren und mich auf das Festland zu begeben. Das Boot landet mich in der chinesischen Stadt Kyu lyung, und ich begebe mich mit meinen Begleitern in eine Herberge, um dort zu übernachten. Schon hatten wir uns nach dem Nachtessen zur Ruhe begeben, als ein chinesischer Polizeidiener eintrat und fragte, ob ein Ausländer sich in der Herberge befinde. Als ihm dies bejaht wurde, sagte er, dass dies ungesetzlich sei und dass der Ausländer zurückkehren müsse nach Hongkong, wo es den Ausländern gestattet sei zu wohnen. Das wäre ein niederschlagender Anfang einer Missionsreise auf dem Festland gewesen. Glücklicherweise war aber das Gesetz noch auf meiner Seite, indem ein Radius festgesetzt war, wie weit die Ausländer von den Hafenstädten aus in das Inland hinein vorgehen dürfen. Und so konnte der Sicherheitswächter überzeugt werden, dass, nachdem er seine Pflicht getan habe, wir ihm keine weitere Besorgnis verursachen und morgen früh unseres Weges gehen werden. Unser Ziel war die ziemlich grosse Stadt Tham schui, wohin damals noch keine Europäer zu kommen pflegten. Man hörte auch das Wort "Fan Kui" häufig, was eigentlich "ausländischer Teufel" bedeutet. Der Chinese sagt: «Was man selten sieht, erregt viel Verwunderung», und so musste ich es mir auch gefallen lassen, der Gegenstand der Verwunderung für die neugierigen Chinesen zu sein, die herbeiströmten um zu gaffen, während meine Begleiter mit denselben sprachen, mein Kommen erklärten, und die Botschaft des Evangeliums ihnen klarzumachen suchten. Allem Anschein nach war nicht viel erreicht worden. Nur ich hatte mich gründlich davon überzeugt, dass meine Sprachkenntnis noch viel zu wünschen übrigliess, sowohl was das Sprechen betrifft als auch das Verstehen der Chinesen, namentlich in Beziehung auf die verschiedene Betonung, die jedem Wort zukommt. Es galt also weiter zu lernen, was auch fernerhin in Verbindung mit Reisen geschehen sollte.

Im Sommer 1847 schiffte ich mich auf einer Hoklo-Dschunke ein und fuhr der Küste entlang nach Hau kong (Hoi fung), welches eine Oberamtsstadt ist und eine grosse Bevölkerung hat. Ich hielt mich einige Tage dort auf, bis der Mandarin seine Schergen schickte und mich ausweisen liess. Die Regenzeit war eingetreten, und die Strassen der Stadt waren unter Wasser. Ich musste einen Tragsessel nehmen, um mich durch das Wasser hinaustragen zu lassen. Zufällig war eine Dschunke im Begriff, nach Hongkong zu segeln und gab uns Passage, so dass wir ohne Verzug abreisen konnten. Ehe wir den Hafen von Hongkong erreicht hatten, machte ich meine erste Begegnung mit Seeräubern. Als wir nämlich an eine Bucht kamen, lag dort eine Dschunke, die sogleich von unseren Leuten als verdächtig angesehen wurde und die dann sogleich ihren wahren Charakter enthüllte, indem sie eine Kanone gegen uns abschoss. Der Kapitän unserer Dschunke bat mich aufzustehen, dass die Seeräuber mich sehen könnten, und sie auf Barbarisch zu schelten. Sie würden gewiss Respekt bekommen und uns nichts antun. Eben feuerte der Pirat eine zweite Kanone gegen uns, und ich streckte unwillkürlich meinem Schirm gegen die Funken -

denn Kugel hatten sie keine in das Rohr gegeben. Und aus Furcht, ein Kanonenboot möchte sie von Hongkong aus verfolgen, winkten sie uns mit der Hand zu gehen, worüber unsere Bootsleute sehr froh waren und sogleich Weihrauch anzündeten, um ihren Götzen den schuldigen Dank darzubringen, was zu einer Extra-Besprechung mit den Schiffsleuten führte, da sie sich offenbar grossem Undank schuldig machten, indem sie den Götzen opferten, während sie zugeben mussten, dass diese sie nicht hätten retten können, sondern dass sie zunächst auf mich vertrauten und ihre Rettung auch mir verdankten, weshalb sie meinem Gott die Ehre hätten geben müssen.

Was war nun das Resultat dieser ersten Reisen zu Wasser und zu Land? Ich kann nicht sagen, dass Hamberg und ich sehr befriedigt waren und dass wir die Trennung schmerzlich empfanden. Die Barmer Brüder Genähr und Köster waren, der erste in Thai phin und der letzte in der Gegend von Macao, herumgereist. Jetzt wollten wir ein Rendezvous auf Hongkong halten und uns durch Gottes Wort und das heilige Sakrament erbauen und stärken, um dann aufs Neue ins Feld zu ziehen. Der Schlachtplan erlitt dabei eine kleine Abänderung. Bruder Hamberg hatte einen Ort gefunden, wo er sich einigermassen hatte einrichten können. Dies war der Marktflecken Tungfo, am Meer gelegen, der aber auch den Seeräubern als Auszugs- und Einzugsstation diente und deshalb nicht für die Dauer ins Auge gefasst werden konnte. Auch mussten wir, wenn wir länger beisammenbleiben wollten, darauf Rücksicht nehmen, dass wir zwei verschiedene Dialekte gelernt hatten und noch immer lernen mussten, weshalb es nötig war, einen Niederlassungsort zu suchen, wo unsere beiden Dialekte, Hakka und Hoklo, gespro-chen würden. Dies war der Fall in der Stadt und Umgebung von

Tham schui, wo ich schon durch meine erste Reise ein wenig orientiert war. Im Oktober dieses Jahres starb Bruder Koester von der Barmer Mission. Es rückten aber die Brüder Krone und Lobscheid und Louis zur Verstärkung nach.

Unser Entschluss wurde demnach gefasst und die nötigen Vorbereitungen getroffen, einen neuen Anlauf gegen die uneinnehmbar scheinende Festung des chinesischen Reichs zu wagen. Hamberg war schon vorausgegangen und erwartete mich auf seiner bisherigen Station, von der aus wir teils zu Fuss, teils mit Hilfe eines Bootes nach Tham schui zu kommen beabsichtigten. Es waren durchaus keine unangenehmen Verhältnisse, unter denen wir diese Reise antraten. Die heisse Jahreszeit war vorüber, und Gouverneur Sir John Bowring in Hongkong pflegte zu sagen: «This is our delightful season.» Wir waren auch in guter Gesellschaft, die aus Hakka- und Hoklo-Chinesen bestand und Gelegenheit gab, uns - jeder in seinem Dialekt - in der Sprache zu üben. Waren wir dessen müde geworden, so gab es wieder andere Lektüre zur Erbauung oder Belehrung. Und schliesslich waren wir nun auch schon so weit vorgerückt im Chinesischen, dass wir Rede und Antwort geben konnten über Fragen verschiedener Art, die unsere Begleiter an uns richten wollten, um zu erfahren, wie die Verhältnisse in Deutschland seien im Vergleich mit China und ob doch gewiss auch alle Deutschen und Schweden gute Christen seien, so dass es herrlich dort zu leben sein müsse. Leider sollten wir nur zu bald erfahren, dass die Verhältnisse in China in schauderhafter Verwirrung steckten und dieses Volk sich nicht einmal des Schatzes seines Lebens und Eigentums erfreuen darf.

Müde von der Reise, suchten wir auf dem Boot ein Plätzchen aus, wo ein jeder sich ausstrecken konnte, und wir hatten bald einen erquicklichen Schlaf gefunden. Doch halt! Was gibt's für Lärm? Es ist das Getöse untereinander schwirrender Stimmen, durch welche es uns bald klar wurde, dass es sich um einen Raubüberfall handle. In einem Augenblick waren zwei von den Räubern mit mir beschäftigt und nahmen mir alles, was ich auf dem Leib trug. Ich wollte mich wehren, wurde aber überwältigt und trug eine Wunde am Handgelenk davon. Hamberg wurde von den Spiessen der Räuber ganz auf das Vorderteil des Bootes gedrängt und sprang ins Wasser, ohne zu wissen, wie er wieder aus demselben herauskommen sollte. Die Räuber hatten doch für alle Fälle gesorgt, dass ihnen nichts von der Beute entgehen sollte. Denn als Hamberg an des Flusses jenseitigem Ufer landete, wurde er von standfesten Posten in Empfang genommen, die ihm die Taschen durchsuchten und alles vollends wegnahmen, was er noch bei sich getragen haben mochte. Nachdem die Räuber alles ausklariert hatten, verliessen sie unser Boot im Dunkel der Nacht, während ich unsere Getreuen zusammenrief, um Kriegsrat zu halten. Da ich Hambergs Stimme nun jenseits des Flusses erschallen hörte, liess ich das Boot hinüberfahren, um ihn aufzunehmen. Wie froh und dankbar waren wir, als wir wieder beisammen waren. Doch konnten wir leider nicht sagen, dass uns kein teures Haupt gefehlt hätte. Denn bei Musterung unserer Chinesen war einer von Hambergs Leuten nicht vorhanden. Wo konnte er geblieben und was aus ihm geworden sein? Der eine meinte, er könnte gemeinschaftliche Sache mit den Räubern gemacht haben und nun mit ihnen die Beute teilen. Hamberg, der den Mann schon einige Zeit um sich gehabt und beobachtet hatte, dass das Wort Gottes einen tieferen Eindruck auf sein Herz gemacht hatte, liess durchaus keinen solchen Verdacht an sich herankommen. Eher wollte er glauben, dass der Mann durch die Hand der Räuber ums Leben gekommen sein konnte. Alle weiteren Mutmassungen mussten jedoch als nutzlos bei Seite gelegt werden, bis der Tag anbrach und wir weitere Schritte tun konnten.

Zunächst brauchte Hamberg trockene Kleider. Aber die Räuber hatten uns nur wenig übriggelassen. Das Schmerzlichste war der Verlust unserer Bücher, unter denen die zum Sprachstudium behilflichen die wichtigsten waren. Wir suchten sie wieder zu bekommen und boten Lösegeld, aber vergebens. Doch war uns eine englische Bibel geblieben und ein schwedisches Neues Testament. Das gab mir den Anstoss, mich des Näheren mit der schwedischen Sprache zu befassen. Im Verlauf des folgenden Vormittags erreichten wir Tham schui und erfuhren bald das Schicksal des uns abhanden gekommenen Chinesen. Seine Eltern kamen mit Heulen und Wehklagen und berichteten, dass ihr Sohn von den Räubern getötet worden sei und sein Leichnam an der Stätte liege, wo die Räuber uns beraubt hatten. Das war ein Schreck für uns, und die Folgen waren nicht mit einem Mal zu übersehen. Das erste war, dass Hamberg sich an die Unglücksstätte zurückbegab und für das Begräbnis des Erschlagenen sorgte. Das konnte mit Geld abgemacht werden. Schwieriger war die Frage, wie die Beamten sich zur Sache stellen würden. Hamberg ging deshalb nach Hongkong, um mit Gützlaff Rat zu halten. Ich blieb in Tham schui in dem Haus eines Hoklo-Chinesen, den mir Gützlaff mitgegeben hatte und der sich uns als Knecht nützlich machte. Allein, es währte nicht lange, bis unser Fall vor die Obrigkeit gebracht wurde, so dass die Beamten Stellung dazu nehmen mussten. Der Mandarin kann dabei in grosse Schwierigkeiten kommen, wenn er es nicht hat verhüten können, dass ein Mord in seinem Bereich begangen worden ist. Es war also unumgänglich nötig, den Fremden abzuschieben, dass durch ihn nicht noch mehr Unheil angerichtet werde, wenn die Räuber so gute Gelegenheit vor sich sehen würden, ihre Raublust zu befriedigen.

Höchst interessant ist das Verfahren des Beamten, sich seiner Pflicht zu entledigen. Er gibt einen Erlass heraus, in welchem erst die ganze Sache besprochen und dann das Urteil gefällt wird. «Wer weiss nicht», fängt der Erlass an, «dass China das Land der Bildung ist, und dass chinesische Kultur einen unwandelbaren Einfluss auf die barbarischen Völker ausgeübt hat? Wie kommt es nun, dass ein Ausländer von Hongkong her gekommen ist und vorgibt, uns Chinesen eine ausländische Lehre zu bringen, als ob wir nicht schon die vier Bücher und die fünf Klassiker[9] hätten, welche alles enthalten, was wissenswert ist? Das ist ganz und gar unklassisch und kann durchaus nicht geduldet werden. Dazu ist es ganz ungesetzlich, dass ein Ausländer in das Inland hereinkomme, indem dadurch viele Schwierigkeiten entstehen würden und es schwer werden müsste, die Ordnung aufrecht zu erhalten. Die chinesische Regierung hat deshalb die Insel Hongkong den Ausländern eingeräumt, wo sie sich aufhalten und ihre Geschäfte betreiben können. Damit sollen sie sich begnügen und nicht den Landfrieden stören durch Eindringen in verbotenes Terrain. Wer dagegen handelt und sogar einen Ausländer bei sich beherbergt, der soll mit den strengsten Strafen heimgesucht werden - sei es auch die Ausrottung seiner Familie bis in den 9. Grad.» Da war nun nichts Weiteres zu machen, denn die Drohungen der Beamten galten nicht uns, sondern den Chinesen, und wenn diese nicht das Risiko der Erfüllung dieser Strafen an ihnen und ihren Familien auf sich nehmen wollten, so hiess es bei uns nach

Matthäus 10,14 «Wo euch jemand nicht aufnehmen wird, macht eure Rede hören. So gehet heraus von demselben Haus oder Stadt und schüttelt den Staub von euren Füssen», etc. etc. Ich musste also auf Bitten der Chinesen, sie nicht dem Zorn der Mandarine auszuliefern, das Feld räumen und auch nach Hongkong zurückkehren. Nun war guter Rat teuer.

Achtes Kapitel:
Aufenthalt in Hongkong und erneute Reisen

Schliesslich wurde beschlossen, dass es das Beste sein werde, den Winter über in Hongkong zu bleiben. Dort hatte die London Mission bereits ein Hospital, welchem ein Doktor Hobson vorstand, der ein Schwiegersohn von Dr. Morrison war. Ein deutscher Arzt namens Hirschberg hatte damals die Aufsicht über das Spital, das auf dem Morrison-Hügel erbaut worden war, woher dieser Hügel den Namen "Morrison hill" erhalten hat. In diesem Spital waren einige leere Kammern, welche Dr. Hirschberg sofort uns zum Gebrauch anbot. Das war für uns ein gutes Zeichen, dass der Herr für uns sorgte. Und als wir dem lieben Doktor auch helfen durften in der Behandlung der Kranken sahen wir ein, dass ein zeitweiliger Aufenthalt in Hongkong uns von grossem Nutzen sein würde, insofern die medizinische Mission von Anfang an guten Eingang in China gehabt hat und Vertrauen bei den Chinesen erweckte, dass sie ihren Eigendünkel in keinem Stück leichter fahrenlassen konnten, als in Beziehung auf chirurgische Behandlung. So ging die Wartezeit auch schnell vorüber, indem sie ausgefüllt war mit Sprachstudien, mit praktischen Übungen im Spital und mit Lesen der Heiligen Schrift, respektive der biblischen Geschichte, die wir mit unseren Gehilfen nach Unter-

Abb. 7. Der Morrison-Hügel und das Happy Valley, wo sich der Friedhof der Europäer in Hongkong befand. Stich von 1879. Der Morrison-Hügel wurde später als Steinbruch genutzt und komplett abgetragen. So konnte für Hongkong neuer Baugrund gewonnen werden.

schied des Hakka- und des Hoklo-Dialekts betrieben. Damals hatten wir auch einen lieben Gast, der aus Afrika, dem Zulu-Land, zu uns gekommen war, weil in Natal Krieg ausgebrochen war zwischen den Kaffern und Engländern. Schröder war sein Name, und er war Norweger. Er hatte gehofft, ein freies Arbeitsfeld in China zu finden, wurde aber durch die Verhältnisse hier nicht ermutigt zum Dableiben und kehrte nach einiger Zeit wieder nach Afrika zurück, wo er eine Reihe von Jahren eine gesegnete Wirksamkeit hatte.

Für uns hatte sich die Wolkensäule, die seit November vorigen Jahres auf dem Spital in Hongkong gelagert war, auch wieder erhoben, und zu einem erneuerten Vormarsch aufgefordert. Hamberg hatte durch seine Leute Eingang gefunden in der benachbarten Hakka-Gegend, während meine Gehilfen bereit waren, per Schiff mit mir der Küste entlang nach dem Hoklo-Land zu fahren, um in der Präfektur Tschau tschu festen Fuss zu fassen. Es war ein portugiesisches Fahrzeug, wo ich mit meinen Gehilfen Passage bekam und recht generös behandelt wurde. Die Brüder Hamberg und Schröder begleiteten mich an Bord, wo wir uns im Gebet dem gnädigen Schutz unseres Herrn und Hauptes anbefahlen. Denn aus der Tiefe des Herzens drang sich die Überzeugung hervor: «Die Sach' ist dein, Herr Jesu Christ, die Sach', um der wir stehen. Und weil es deine Sache ist, kann sie nicht untergehen.» etc. etc. Die portugiesischen Fahrzeuge betrieben damals ein eigenartiges Geschäft, indem eine Anzahl chinesischer Schiffe zusammenstand, um ein portugiesisches Schiff zu dingen, ihnen ein sicheres Geleit zu geben, damit sie nicht von den Seeräubern geplündert würden. Diese Sorte portugiesischer Fahrzeuge hiessen Lorcha, und das, mit dem ich fuhr, war ein solches.

Mein nächstes Ziel war die Insel Namo, von wo aus das Schiff weiterfuhr nach Amoy und ich auch irgendwo ein Unterkommen suchen musste. Nun traf es sich so, dass ein deutscher Kapitän namens Schmidt ein englisches Schiff befehligte, das der Firma Jardine Matheson & Co in Hongkong gehörte und immer in Namo vor Anker lag, weil es Opium an die Chinesen verkaufte. An diesen Kapitän Schmidt war ich empfohlen durch die Herren W. Pustau & Co. in Hongkong, welche unser Geld und unsere Briefe besorgten. Ich wandte mich daher auch zuerst an Kapitän Schmidt und erhielt auch von ihm die Erlaubnis, an Bord des Schiffes zu bleiben, bis ich ein passendes Unterkommen an Land gefunden haben würde. Selbstverständlich richteten sich meine Blicke zuerst auf die Insel Namo selbst, denn hier war ein Anziehungspunkt, der mich stark beeinflusste. Im Spital in Hongkong war nämlich ein junger Mann von Namo, aus dem Dorf Hun Kai si, der einer vermögenden Familie angehörte, aber aussätzig war. Sein Vater, der ein graduierter Militär war, hatte diesen Sohn nach Hongkong gebracht in der Hoffnung, dass die ausländischen Ärzte ihn vielleicht heilen könnten. Aber es gibt leider noch nirgends ein Mittel gegen den Aussatz, und so brachte der Vater seinen Sohn wieder heim. Dieser junge Mann hatte aber den Arzt und Helfer Israels kennengelernt in Hongkong und ein Neues Testament von dort mit nach Hause genommen, wo er das richtige Rezept gefunden hatte gegen den Schaden der Sünde und des Todes. Zu diesem Jüngling zog es mich sehr hin, und ich machte mich auf, ihn zu finden. Gross war seine Freude, als er mich wiedersah. Und er erzählte, wie es ihm seither ergangen sei und welche Erfahrungen er in geistlicher Beziehung gemacht habe. Das Testament habe er fleissig gelesen. Manchmal sei der Inhalt wie ein Donner über ihn hinweggerollt. Aber dann habe er auch wieder tröstliche Stellen gefunden, die ihn wieder aufrichteten. Er wünschte von Herzen, getauft zu werden, und ich versprach ihm auch die Erteilung des heiligen Sakraments, sobald ich irgendein Unterkommen gefunden haben würde. Indessen solle er nur fortfahren, sein Testament zu lesen und den Herrn zu bitten, ihn zu Gnaden anzunehmen, und sich je mehr und mehr ihm zu offenbaren, bis es ihm zur Gewissheit geworden sei, ein Kind Gottes zu sein.

Meine Gehilfen hatten indessen ein Logis für sie und mich gesucht und auch ein Haus gefunden, in welchem der Eigentümer uns gegen billigen Mietzins wohnen lassen wollte. Wir zogen ein, fanden aber bald, dass wir die Rechnung ohne den Wirt gemacht hatten, nämlich so, dass der Mandarin von Namo, sobald er Kenntnis von meinem Verweilen auf der Insel erhalten hatte, mir auch zu verstehen gab, dass es ungesetzlich sei, wenn ich am Land wohnen wollte, und dass ich mich auf die ausländischen Schiffe begeben müsse. Zum Zeichen, dass es ihm ernst sei, liess er den Vermieter des oben genannten Hauses gerichtlich einziehen und bestrafen.

Neuntes Kapitel: Ng Kung Lan

Es war also auf der Insel Namo nicht besser als im Hakka-Land in Tham schui. Doch tauchte auch in dieser Verlegenheit ein Retter für uns auf, den Gott sandte, um unser Schifflein eine Zeitlang flott zu erhalten. Das war ein älterer Chinese namens Ng Kung Lan, der sich mir vorstellte als einer von Gützlaffs Getauften, der aber nur dem Namen nach ein Christ war. Die Freimütigkeit dieses Mannes, in der er die Wahrheit von sich selber sagte und seine Beschämung nicht verbarg, waren mir eine Empfehlung für ihn, und ich fühlte mich sehr zu ihm hingezogen. Es scheint, dass ich ihm ebenso sympathisch war, und er machte mir den Vorschlag, mit ihm in seine Heimat zu gehen. Ich wies auf meine neusten Erfahrungen hin, da ich von der Insel Namo vertrieben war und der Eigentümer des Hauses, wo ich wohnen sollte, vom Mandarin bestraft worden sei. Allein der Alte sagte, dass nichts zu fürchten sei, denn in seiner Heimat sei er Mandarin, und er bürge mir für meine Sicherheit. Ich konnte ja nur froh sein, wenn ich nicht länger auf dem Opiumschiff campieren musste.

Eine Lektion habe ich zwar gelernt, nämlich die, dass die Behauptung, England habe China gezwungen, ihm sein indisches Opium abzukaufen, der Richtigstellung bedarf. Die Chinesen kannten das Opium schon lange ehe es seine jetzige weite Verbreitung bekommen hatte und fielen den Tausenden nach dem Gift zum Opfer. Kaiser Tau Kwong wollte dem Verderben entgegensteuern und verbot die Einfuhr desselben. Aber die Habsucht der Mandarine vereitelte die guten Absichten des Kaisers. Sie strichen zahllose Summen Bestechungsgelder ein und verhalfen der chinesischen Nation zum Verderben. Die Chinesen waren durchaus nicht gezwungen, das Opium zu kaufen, noch es zu versuchen. Als Kaiser Tau Kwong sah, dass er nichts ausrichtete, ja dass einer seiner eigenen Söhne dem Laster verfiel und darob starb, da liess er alle Opiumkisten, die auf den ausländischen Schiffen zu finden waren, konfiszieren, worüber dann der Krieg zwischen England und China ausbrach, den man gewöhnlich den Opiumkrieg nennt. Kaiser Tau Kwong hatte 23'000 Kisten Opium vernichten lassen und musste 6 Millionen Dollar Entschädigung zahlen - 4 Millionen Pfund Sterling. Erlaubnis zur Einfuhr des Opiums gab er jedoch nicht und sprach die denkwürdigen Worte: «Niemals soll Geld in meine

Staatskasse fliessen, das das Wohl meines Volks beeinträchtigen würde.» Im Jahr 1857 brach aber ein neuer Krieg los, der mit dem Frieden von Thien tshin endigte. Und damals war es, dass das Opium als ein Handelsartikel anerkannt und demgemäss versteuert wurde. Damals wollten die Chinesen einen höheren Zoll für das Opium ansetzen, aber England erlaubte es nicht und verlangte die Legalisierung des Opium-Handels. Und darum lastet eine Nationalsünde auf dem ganzen Volk. Die Gottesfürchtigen unter dem englischen Volk haben sich schon viel Mühe gegeben, diesen Schandfleck aus dem englischen Wappen zu entfernen, aber bisher ohne den gewünschten Erfolg. Jetzt pflanzen die Chinesen auch das Opium selbst, und wenn auch keines mehr von Indien käme, würden die Raucher sich zu helfen wissen. Es gibt aber auch Heimstätten für solche, die sich von dem Laster des Opiumrauchens gerne wieder los machen möchten, wozu die Mission viel beigetragen hat, so dass mancher Sklave seiner Lust, leiblich und geistlich, gerettet worden ist. Jetzt trifft aber die chinesische Regierung energische Massregeln, das Übel auszurotten.

Wir sind auf dem Weg nach Tung ou, einem Marktflecken in der Nähe von der Stadt Tschau tschu, welches die Präfekturstadt ist. Hier sind höhere Beamte als alle, mit denen ich seither zu tun gehabt habe. Je höher in der Würde im Reich der Mitte, desto weiter entfernt von einem Barbaren des Auslands. Denn diese sind nur gekommen, um sich durch die Schätze Chinas zu bereichern, ohne etwas zum Ersatz bieten zu können. Im Gegenteil bringen sie das Opiumgift, durch welches die ganze chinesische Nation ruiniert wird. Wir bleiben also vor der Hand friedlich - schiedlich, und man nimmt keine weitere Notiz von mir. Ich werde in eine Art Fabrik gebracht, wo Baumwolle verarbeitet wird, um die Filzsohlen zu den chinesischen Schuhen zu produzieren. Hier bekomme ich ein Zimmer, in welchem ich meinen Studien ungestört obliegen kann. Morgens und abends ist Andacht mit Bibelerklärung, an welcher teilzunehmen jeder freundlich eingeladen ist. Ausgänge können selbstverständlich nicht gemacht werden, da ich in möglichster Verborgenheit mich halten muss. Doch bringt Ng Kung Lan öfters Besuche, mit denen ich ungeniert reden kann. Meine Gehilfen gehen ab und zu aus und geben mündlichen Bericht von ihren Erlebnissen, von denen das Wichtigste ist, dass Leute sich zur Taufe gemeldet haben. Nach den gemachten Erfahrungen wollten wir jedenfalls sehr vorsichtig sein mit Erteilung des heiligen Sakramentes, eingedenk der Worte des Apostels: «Ich bin nicht gesandt zu taufen, sondern das Evangelium zu verkündigen.» Da sich aber eine kleine Schar aus dem Dorf Tien kang zur Annahme des Christentums bereit gezeigt hatte, so versprach ich, zu ihnen zu kommen und ihnen einen regelmässigen Taufunterricht zu erteilen. Doch wollte ich mich mit Bruder Hamberg erst darüber besprechen und zu dem Zweck nach Hongkong gehen. Nach einem sechswöchigen Aufenthalt in Tung ou nahm ich Abschied auf Wiedersehen. Ng Kung Lan war sehr bewegt und anerkannte mit Dankbarkeit den Segen, welchen ihm mein Aufenthalt bei ihm gebracht habe. Er habe nicht oft gebetet, bloss aus Trägheit, jetzt habe er erfahren, welche Kraft in dem Gebet liege, und er wollte sich's mehr angelegen sein lassen, im Gebet mit Gott zu verkehren. Er fing auch an, Lieder auswendig zu lernen und trug auf seinen Ausgängen stets sein Gesangbuch bei sich in der Tasche.

Ng Kung Lan begleitete mich bis Swatau, wo wir übernachten mussten. Dort führte er mich zu einem Freund und stellte mich vor als einen Lehrer vom Ausland. «Was sagt denn ein Lehrer vom Ausland, was soll denn das heissen? Die Ausländer haben doch keine Lehre und brauchen auch keine Lehrer. Unterrichtet er die Knaben der Ausländer?» «Nein, er ist gekommen, um uns Erwachsenen das Evangelium zu verkündigen.» Das machte den Mann ganz wild, und er war unerschöpflich in Schmähungen gegen die Ausländer, so dass ich zu Ng Kung Lan sagte, wir wollten doch lieber gehen, wenn mein Besuch seinen Freund so sehr aufrege. Als dieser hörte, dass ich Chinesisch sprach, war er still und fragte, wo ich denn die Sprache gelernt habe. Ng Kung Lan antwortete ihm, dass ich alles verstanden habe, was er gesagt hatte, worauf der froh war, dass wir gingen. Denn die Regeln des Anstands hatte er gegen mich nicht beachtet und war schmählich aus der Rolle eines chinesischen Gelehrten gefallen.

Am 23. September stieg ich in Hongkong an Land und traf Bruder Hamberg vom Fieber geschwächt, dagegen den Barmer Missionar Lobscheid voll jugendlicher Frische. Bruder Genähr kam von Thai phin her auch nach Hongkong, so dass wir der brüderlichen Gemeinschaft pflegen konnten und durch gemeinschaftlichen Gebrauch des Wortes Gottes und des heiligen Abendmahls neue Stärkung des geistlichen Lebens uns aneignen konnten. Ich wollte mich nicht lange in Hongkong aufhalten, da ich den Leuten in Tien kang versprochen hatte, bald zu ihnen zu kommen. Bruder Hambergs schwacher Zustand sowie einige Fieberanfälle, die ich selbst durchzumachen hatte, verzögerten meine Abreise von Hongkong, die erst am 15. November stattfinden konnte. Und dann brauchte die Lorcha neun Tage bis Namo. Ich musste auf der Insel landen und wollte von dort aus nach Tien kang gehen. Allein, der Präfekt von Tschau tschu hatte Kenntnis bekommen von meinem sechswöchigen Aufenthalt in Tung ou und erliess ein strenges Plakat gegen solche

Ungesetzmässigkeit, so dass Ng Kung Lan nicht wagte, mich wieder dorthin zu bringen und auch die Taufbewerber in Tien kang sich gebunden erachteten, ihrer Obrigkeit zu gehorchen und mich baten, aus ihren Grenzen zu weichen.

Der Herr liess mich nicht verzagen und gab mir auch ein Plätzchen, um eine Unterkunft zu finden. Der Kapitän Schmidt hatte ein Gartenhaus, das er mir anbot, in welchem ich selbst wohnen und auch einige Leute um mich haben konnte, bis sich bessere Gelegenheit zeigen würde, Missionsarbeit unter den Hoklo-Chinesen zu treiben. Ich nahm das freundliche Anerbieten mit Dank an und studierte mit meinem Sprachlehrer die chinesischen Klassiker nebst dem, dass ich, wo es Gelegenheit gab, mit den Leuten verkehrte und ihnen die gute Botschaft verkündigte. Am 12. Januar kam die traurige Nachricht, dass in der Nähe von Namo ein europäisches Schiff gestrandet sei und Ausländer dabei ums Leben gekommen seien. Es stellte sich später heraus, dass es ein Hongkong- Schoner war, der derselben Firma angehörte wie Kapitän Schmidt, und dass unter den Ertrunkenen auch Missionar Pohlmann von Amoy gewesen sei. Ach, wie wunderbar sind die Wege des Herrn! Da sitze ich auf der Insel Patmos[10], und ein Kollege wird von den Wellen des Meeres verschlungen! Und doch: «Sein Werk kann niemand hindern. Seine Arbeit darf nicht ruh'n, wenn Er, was seinen Kindern erspriesslich ist, will tun.»

Meine Leute waren ausgegangen, um ein Haus zu suchen, wo wir hätten zusammenwohnen können und das uns als Ausgangspunkt gedient hätte, unsere Arbeit an den Millionen Chinas zu treiben. Oft sah ich sehnsüchtig nach ihnen aus, denn es hing so vieles von dem Gelingen ihrer Bemühungen ab, und ich bat den Herrn inbrünstig, ihnen den Weg zu zeigen, wo sie ein

Haus finden könnten, das unserem Zweck entsprechen würde, um daraus auch wieder neue Zuversicht zu gewinnen, dass unser Weg dem Herrn wohlgefalle und wir auf seinen Segen rechnen dürften. Endlich kam der ersehnte Zeitpunkt, da ich sagen durfte: «Der Vogel hat sein Haus gefunden, und die Schwalbe ihr Nest, da sie Junge hegen.» Meine Kundschafter hatten nicht umsonst gearbeitet, und weil sie ernstlich gesucht hatten, so liess sie der Herr auch finden. Mit fröhlichen Angesichtern erzählten sie, wo und wie sie ein Haus gefunden hatten. Dasselbe war in dem Dorf Yam tsau, Oberamt Dschyau phin, an der Grenze von der Provinz Fukkien. Es gehörte einer Mutter, welche zwei Söhne hatte, von denen keiner verheiratet war. Dagegen war der Sarg der Grossmutter schon jahrelang mit der Leiche in einer Kammer und wartete auf Beerdigung, die bloss wegen Mangel an Geld noch nicht hatte vollzogen werden können. Das Haus war eigentlich kein Wohnhaus, sondern eine Schule, und es fehlte nicht an dem üblichen Blumenschmuck in dem Vorgehöfte, wie auch neben dem noch Räumlichkeiten vorhanden waren, die wir benützen konnten. Die Hauptsache aber war die grosse Halle, welche zum Schullokal gedient hatte, aber schon mehrere Jahre nicht benützt worden war, jetzt aber einem besseren Zweck gewidmet werden sollte, als die Tugendlehre des Konfuzius in die Köpfe der chinesischen Jugend einzupauken, indem nun die Posaune des Evangeliums darin erschallen sollte. Tut Busse und glaubet an das Evangelium!

Am 12. Februar 1849 zog ich in mein neues Logis ein und konnte nur über die Türe schreiben: «Danket dem Herrn, denn Er ist freundlich, und Seine Güte währet ewiglich. Amen.» Hatte der Herr so freundlich für mich gesorgt, so musste es mir nun auch sehr angelegen sein, meinen Dank Ihm darzubringen und mich

Ihm mit Leib und Seele zu ergeben zu Seinem Dienst und zur Rettung der unsterblichen Seelen. Zwar musste ich sehr vorsichtig sein, die Neugierde der Leute nicht zu sehr auf mich zu lenken. Aber es war mir erstaunlich zu sehen, wie die Hoklo-Chinesen viel gemütlicher sind als die Punti oder Hakka, so dass ich bald gut Freund mit ihnen wurde und mir eine Freiheit meiner Bewegungen erlauben durfte, wie es nach den damaligen Zeitverhältnissen eigentlich noch eine Ausnahme war. Es kommt sehr viel darauf an, wie man mit den Leuten sprechen kann. Und darum darf sich auch kein Missionar mit einer oberflächlichen Sprachkenntnis begnügen, sondern er muss täglich sammeln und seinen Wortvorrat bereichern, dazu noch in China die Töne sich aneignen, ohne welche keiner richtig sprechen kann. Ich legte mir zwei Bücher an, das eine Englisch-Chinesisch und das andere Chinesisch-Deutsch, welche Sammlungen ich danach den englischen Missionaren überliess, als ich ins Hakka-Land versetzt worden war.

Es eröffnete sich mir allmählich ein Arbeitsfeld in einer Anzahl von Dörfer-Komplexen, die ich regelmässig besuchen konnte, ohne dass irgendein Hindernis mir in den Weg gelegt worden wäre. Nur dass hie und da Versuche gemacht worden sind, mich für meinen ungestörten Aufenthalt in Feindesland zahlen zu machen unter dem Vorwand, dass der Mandarin meine Ausweisung plane. Es kamen auch immer Besuche zu mir. Manchmal war es ein Katholik, dann ein in Singapur von englischen Missionaren getaufter Jünger sowie selbstverständlich die Leute von näher, welche allmählich ein lebendigeres Interesse an dem Christentum gewonnen hatten und in die Liste der Taufbewerber eingeschrieben wurden. Ich habe schon den Namen des Tschhin A Lo erwähnt, der in seiner Heimat Hun Kai si auf der Insel Namo von mir getauft worden war und als Kommunikant galt. Er war mein Erstling, dem noch mehrere folgten. Sie gingen aber in eine andere Pflege über. Gebe Gott, dass viele von ihnen einst gemeinschaftlich in das ewige Hallelujah mit einstimmen werden, das dem Lamm, für uns geschlachtet, vor Seinem Tore ihm dargebracht wird.

Einen Fall will ich hervorheben, nämlich den von dem Bauern Lim a Ki. An diesem Mann hatte ich meine besondere Freude, seitdem er sich an uns angeschlossen hatte. Er wartete auf das Wort und bewahrte es in einem feinen, guten Herzen. Auf meine Frage, ob er sich als ein Sünder vorkomme, schüttete er sein ganzes Herz vor mir aus und erkannte sich als Übertreter aller zehn Gebote, der aber durch Jesu Blut Vergebung und Erlösung begehrte. Am Sonntag, dem 6. Oktober 1850, empfing er die heilige Taufe. Sein Weib war jedoch gar nicht damit einverstanden, und es bekümmerte sie, dass ihr Mann seit Neujahr den Götzen- und Ahnendienst ganz und gar versäumte. Sie war im Begriff, Selbstmord zu begehen durch Erhängen, wurde aber daran verhindert. Ob sie dann auf eine andere Weise ums Leben gekommen ist, weiss ich jetzt nicht mehr. Jedenfalls ist der Lim a Ki weggeblieben, und wenn wir ihn besuchen wollten, wurde niemand zugelassen. Ich hatte das gute Zutrauen zu ihm, dass er sich nicht von der Wahrheit abgewendet habe, und wir baten den Herrn, den gefangen Gehaltenen in Freiheit zu setzen, dass er seiner Überzeugung folgen könnte, dem lebendigen Gott durch Jesum Christum zu dienen. Es war an einem Sonntag, dem 5. Mai 1851, dass ich mit meinem Gehilfen zur Heidenpredigt ausging. Da begegnete uns in kläglichem Anzug, eine Hacke auf der Schulter, Lim a Ki, dessen Angesicht ich seit seiner Taufe nicht mehr gesehen hatte. Es war ein überwältigender Anblick, und ich konnte kein Wort herausbringen, aber ein Strom von Tränen machte dem gepressten Herzen Luft. Meine Gehilfen konnten wenigstens sehen, was für bittere Schmerzen mit der Seelsorge verbunden sind. Aber unsere Gebete für Lim a Ki blieben nicht unerhört. Eines Abends kam er wieder zu uns zur Abendandacht, und an seinen Äusserungen konnte ich entnehmen, dass ich mich in ihm nicht getäuscht hatte. Dreissig Jahre später, im Sommer 1881, kam ich auf einer Reise nach Hongkong über Swatau und freute mich, die Missionare in Swatau in gesegneter Arbeit zu finden. Sie gaben mir ihr Missionsboot, um meine alte Arbeitsstätte zu besuchen, und wen sollte ich als Kirchenältesten der Gemeinde in Yam tsau finden, als den Lim a Ki! Ein Sohn von ihm ist Katechist, eine Tochter Lehrerin in der Mädchenschule. Und wenn ich recht erinnere, hat sich ein anderer Sohn zum Studium der Medizin und Chirurgie angeschickt, zwei Wissenschaften, die jetzt sehr begehrt sind in China.

Kehren wir noch einmal zurück in das Jahr 1852, so ist zu berichten, dass in der Präfekturstadt Tschau tschu ein Edikt gegen mich und meine Bücher veröffentlicht worden ist, das sehr scharf gelautet hat. Die Leute fürchteten den Zorn der Mandarine und wollten das Risiko, mich bei sich zu beherbergen nicht auf sich nehmen. So ging ich nach Namo, 29. Juli 1851, und von dort nach Hongkong. Hier hatte sich seit meinem letzten Besuch allerlei zugetragen. Im Jahr 1849 war Dr. Gützlaff nach Europa gegangen und hatte bei Hoch und Niedrig ein Interesse für China zu wecken gesucht. Die Leitung des chinesischen Vereins hatte er Hamberg übergeben, der dieselbe übernommen hatte mit dem redlichen Vorsatz, dieser Sache auf den Grund zu kommen und darüber klaren Wein einzuschenken. Das Resultat ist bekannt und braucht hier nicht weiter erörtert zu werden[11]. Dr. Gützlaff kam verheiratet Anfang 1851 von Europa zurück, und Hamberg legte ihm seinen Bericht vor über seine Erfahrungen mit dem chinesischen Verein, auf welchen Dr. Gützlaff nichts Weiteres zu sagen hatte. Mir schrieb er, er wünsche die Trennung festzustellen, bis dass die deutschen Missionare sich bekehrten und zu seiner Anschauung übergehen. Am 9. August desselben Jahres starb Gützlaff. Ihm ist es zu danken, dass mehr Interesse für die Mission in China erweckt worden ist. Auf seine Anregung hin unternahmen Basel und Barmen die Evangelisierung Chinas sowie auch der chinesische Frauenverein in Berlin und der, der in Stockholm gestiftet wurde, welche bis heute im Segen fortbestehen. Wie viele Seelen ihm ihre Rettung verdanken, entzieht sich menschlicher Beobachtung. Als der chinesische Verein sich auflöste, hielten sich die ernsteren Christen zu den Missionaren. Und bis auf den heutigen Tag steht noch einer vor mir, der treu geblieben war, so wie auch auf anderen Stationen bis vor wenigen Jahren immer noch der eine oder andere sich als chinesisches Vereinsmitglied bekannte und seinem Stand Ehre machte. Hamberg hatte eine eigene Gemeinde gegründet, die aus 50 Seelen bestand und auch Mitglieder des chinesischen Vereins enthielt.

Am 9. September durfte Bruder Hamberg seine Braut in Empfang nehmen, die in dem Segelschiff "Joseph Sheppard" von England ums Kap herumgefahren war und dem harrenden Bräutigam am 12. September 1851 angetraut wurde. Es war Fräulein Louise Motander von Stockholm, mit der Bruder Hamberg schon früher bekannt gewesen war. Ich blieb nun auch einige Zeit in Hongkong und genoss den Umgang mit Geschwister Hamberg und anderen Missionsleuten von englischen und amerikanischen Gesellschaften. Auch deutsche Brüder von

Barmen und Berlin und Vogel von Kassel vermehrten unsere kleine Schar. Ich hatte meinen Bericht über die letzte Vertreibung an unser Komitee in Basel geschrieben und den Vorschlag gemacht, dass wir uns vereinigen sollten und nur *eine* Mission betreiben, damit wir unsere schwache Kraft nicht zwischen zwei Missionen, Hakka und Hoklo, zersplitterten. Ich ging auch mit Bruder Genähr auf seine Station Sai hyong und nach Kanton, um die dort arbeitenden Missionare von Deutschland, England und Amerika kennenzulernen. Damals waren die Kapellen und Schulen noch ausserhalb der Mauern der stolzen Stadt, die ihre Tore den Ausländern immer noch nicht öffnen wollte.

Als ich am 15. Oktober wieder nach Yam tsau gegangen war, fand ich dort auch eine Veränderung zum Schlimmeren. Zwar nicht in der Gesinnung des Volkes, aber in der Stellung der Mandarine. Meine Absicht war, in Tien kang, wo eine Anzahl Chinesen um die Taufe gebeten hatten, Taufunterricht zu erteilen. Dadurch war eine Verlängerung meines Aufenthalts bedingt. Dazu hatte ich Fieber und sagte den Leuten, ich könne nicht reisen, man möchte mich doch liegenlassen, bis das Fieber vorübergegangen sei. Aber alles bitten half nichts. Die Ausweisung vom Mandarin war schon da und sollte schleunigst ausgeführt werden. So musste ich mein Bündel abermals schnüren und mich nach Yam tsau zurückziehen. Meine Fluchten vollzogen sich durchgängig ohne physischen Schmerz oder körperliche Gefahren, aber ich empfand deshalb mehr Herzschmerz um der Aussichtslosigkeit der Sache willen. Mein Bericht über die letzte Vertreibung von Yam tsau wirkte naturgemäss sehr niederschlagend auf das Komitee, so dass sogar die Frage entstand, ob Basel nicht lieber dieses neue, schwierige Arbeitsfeld ganz aufgeben, respektive einer anderen

Gesellschaft zur Fortsetzung der Missionsarbeit übergeben sollte. Damit wären wir aber nicht einverstanden gewesen, und ich hatte das Komitee gebeten, einen weiteren Arbeiter uns zu Hilfe zu senden. Damit eilte es aber dem Komitee nicht, und die Antwort, die ich erhielt, besagte, dass man auf weitere Berichte warte. Ich sollte indessen nur wieder nach Yam tsau gehen. Das hatte ich nun schon getan seit dem 15. Oktober 1851. Doch ist ja bei Gott kein Ding unmöglich, und es handelt sich so oft nur um die Zeit, die Gott sich zuvor ausersehen hat, um Seinen Gnadenrat über uns sündige Menschen in Ausführung zu bringen. Der Krieg, den China gegen England herausgefordert hatte (1856) kam dazwischen und legte die Missionsarbeit für eine Zeitlang lahm. Als dann durch den Frieden von Thien tshin neue Tore geöffnet worden waren, kamen auch die Werkzeuge, welche Gott zuvor verordnet hatte, wie zum Beispiel W. Burns, der in Kanton bis New chwang die Posaune des Evangeliums erschallen liess, und Hudson Taylor, der allmählich alle 18 Provinzen Chinas besetzte. Diese Brüder waren auch nach Yam tsau gekommen und hatten mein Haus mit Einrichtung gesehen. Die englischen Missionsstationen waren in Swatau etabliert worden, und die Zahl der Arbeiter ist bedeutend. Diese Stationen sind jedoch erst nach Wiederherstellung des Friedens errichtet worden. In dieser Zeit wurden Versuche gemacht, Geld von mir zu erpressen. Ich verweigerte jedoch jegliche solche Zumutung und sagte den Leuten, dass ich mein Hiersein nicht mit Geld erkaufen könne und lieber das Feld räumen wolle. So geschah es denn, dass ich am 15. Januar 1852 wieder in Hongkong eintraf.

Versetzen wir uns um 50 Jahre voraus, in das Jahr 1897, so darf ich Gottes Gnade rühmen, die mich nie ohne Trost, ohne Lust und ohne Kraft gelassen hatte, meinen Weg durch manches

Dickicht zu finden und die Erfahrung bestätigt zu finden, dass der Same des göttlichen Wortes keimen und Frucht tragen kann, auch wenn menschliche Pflege fehlt. Denn es hat innewohnende Lebenskraft und das muss ausrichten, wozu Gott es gesendet hat. Ich erhielt Glückwünsche zu meinem fünfzigjährigen Jubiläum und erlaube mir, eine Übersetzung von dem der Mitarbeiter in Swatau hier folgen zu lassen:

An Missionar Rudolf Lechler

Die englisch-presbyterianische Mission in Swatau, Wu thing fu und Tschau Tschau fu,
den 17. März 1897

Lieber Herr Lechler

Wir, die Mitglieder der englisch-presbyterianischen Hakka- und Hoklo-Mission in Swatau, Wu thing fu und Tschau Tschau fu haben mit viel Interesse gehört, dass die Feier herannahe, wo Ihrer Vollendung des 50. Jahres gedacht werden soll, seitdem Sie in den Dienst der Mission in China getreten sind.

Als der ehrwürdige Senior einer Mission, mit der wir innig verbunden sind durch die Bande der Nachbarschaft, des gemeinschaftlichen Dienstes, der persönlichen Freundschaft und der langen, ununterbrochenen Übereinstimmung in Bezug auf Missionsangelegenheiten, haben Sie ein warmes Plätzchen in unser aller Herzen, und wir gedenken Ihrer mit besonderer Achtung, ja noch mehr auch mit Liebe, wenn wir einen Rückblick nehmen auf die früheren Jahre ihres Missionslebens. Unter viel Leiden waren Sie gewürdigt, die ersten Samen des Evangeliums in Tschau Tschau fu zu säen, so dass wir zu Ihnen aufschauen können als den eigentlichen Vater unserer Mission und der Tschau Tschau-Gemeinde. Vor einem halben Jahrhundert, gestützt auf die gütige Hand Gottes, haben Sie ohne weitere Hilfe gearbeitet und gelitten, um die Kirche Christi hier zu pflanzen, und es war Ihnen nicht gestattet, die Früchte Ihrer Mühsal einzuheimsen. Sie haben gearbeitet, aber wir sind in Ihre Arbeit gekommen. Im Blick auf Sie danken wir Gott von ganzem Herzen, dass Er Sie so gnädig erhalten und gestärkt hat, so dass Sie im Stande waren, den langen Zeitraum von fünfzig Jahren zu vollenden, immer noch Früchte tragend in Seinem Reich.

Wir bitten auch ernstlich, dass dieselbe Gnade Ihnen fernerhin zu Teil werde und vermehrt werde, dass Sie auch in Ihrem hohen Alter immer noch fruchtbar sein können und noch jahrelang Ihren Mitarbeitern sowie den chinesischen Gemeinden als Zeugnis dastehen für die unfehlbare Treue Gottes.

Ihnen und Frau Lechler bringen wir unsere herzlichsten Glückwünsche dar zu dieser glücklichen Feier. Und wenn Sie zurückblicken auf Ihre lange Erfahrung der göttlichen Güte, so mögen Sie dann auch im Stande sein, mit festem Vertrauen hinauszuschauen auf die Ruhe, die noch vorhanden ist für das Volk Gottes, auf die wir unsere Hoffnung setzen. Und wenn Gott zu Seiner Zeit Sie eingehen lässt zu diese Ruhe, mögen Sie dann viel Freude haben in gesegneter Voraussetzung, dass Sie viele antreffen in der seligen Gemeinschaft derer, die erkauft sind aus den Chinesen und zu welchen die Gnadenbotschaft zuerst durch Ihren Dienst gekommen ist.

Mit herzlicher Hochachtung, und unseren besten Wünschen für Ihr Glück und Wohlergehen, verharren wir als in des Herrn Dienst verbunden

John C. Gibson in Swatau

A. G. Gibson

Catherine Marie Ricketts in Swatau

Philip B. Cousland in Tschau Tschau fu

Susan H. Cousland

Janet Balmer in Wu King fu

Mary Balmer

Eleonore Black

Alexander Lyall

Sofia A. Lyall

Mark Iver in Wu King fu

John F. Macphun in Wu King fu

William Riddel

Frances Riddel

George Ede

Sarah A. Ede

John Steele

John M. Dalziel

Ich habe mit der Hoklo-Mission abgeschlossen und habe viel zu danken für Gottes Gnade und Barmherzigkeit, die Er mir durch Christum Jesum zu erfahren gab. «Die Wege des Herren sind oftmals krumm, und doch grad; doch triumphiert zuletzt Sein hoher Rat.» Ich will hier nur zum Voraus erwähnen, dass der zwischen England und China ausgebrochene Krieg Ende des Jahres 1857 die Mission im Inland überhaupt für mehrere Jahre sistierte und die Missionsleute nötigte, abermals Zuflucht auf der Insel Hongkong zu suchen, bis der Friede von Thien tshin geschlossen war, in welchem auch für die Mission mehr Freiheit erlangt wurde, indem wir Pässe bekamen, mit denen wir dann unter mehr obrigkeitlichem Schutz reisen durften.

Indessen machte ich mich an meine neue Aufgabe, den Hakka-Dialekt zu erlernen, der vom Hoklo sehr verschieden ist. Aber ich war doch kein ganzer Neuling mehr im Chinesischen und verwertete das bisher Erlernte so gut ich konnte. Unter den Missionaren, die als Leidensgenossen in Hongkong ab- und zugingen, waren auch die oben schon erwähnten Bahnbrecher W. Burns und J. Hudson Taylor, welche beide, obgleich auf verschiedene Weise, Grosses geleistet haben im Weinberg des Herrn. Der Erste, W. Burns, war ein Erweckungsprediger und stiess gewaltig in die Posaune des Evangeliums, mit deren Schall er an der Küste hinauf Erweckungen zustande brachte, bis er in der nördlichst gelegenen, schon zur Mandschurei gehörenden Hafenstadt Nyn tschong zu seiner Ruhe eingehen durfte. James Hudson Taylor wurde der Gründer der China Inland Mission und verwirklichte Gützlaffs Gedanken, das chinesische Volk durch Chinesen mit dem Heilsratschluss Gottes zu ihrer Seligkeit bekannt zu machen. Von einem kleinen Anfang mit einer Anzahl Freiwilliger (der so genannten "Lammermuir Party") vermehrte der Segen des Herrn die Zahl seiner Mitarbeiter bis auf 800, männlich und weiblich, die er in allen 18 Provinzen plazierte, um Aufsicht zu führen über die gesammelten Gemeinden von Eingeborenen und die Missionsarbeit immer weiter auszudehnen, weil noch so vielen Seelen in der Finsternis seien und im Schatten des Todes, dass doch auch dieser Füsse gerichtet werden möchten auf den Weg des Friedens. Diese beiden Zeugen stehen schon vor dem Stuhl Gottes und dienen ihm Tag und Nacht in seinem Tempel. Bei mir heisst es wieder vorne anfangen und einen neuen Dialekt lernen. Doch brauchte ich fortan nicht mehr so allein zu stehen.

Das Komitee in Basel hatte jetzt unseren Vorschlag der Vereinigung zu gemeinschaftlicher Arbeit unter den Hakka-Chinesen genehmigt, und wir sollten uns zu dritt in die Arbeit teilen. Bruder Winnes war zu unserer grossen Freude mit dem amerikanischen Schnellsegler "Oriental" in 80 Tagen um das Kap herum in Hongkong angekommen und war zuerst sehr betroffen, mich in Hongkong zu finden, da er Auftrag bekommen hatte, mich in Yam tsau in der Arbeit unter den Hoklos zu unterstützen. Aber der Mensch denkt's und Gott lenkt's. Als dann später Bruder Hamberg nach siebenjähriger Arbeit in China so unerwartet gestorben war, mussten wir Gottes wunderbare Führung preisen, indem Er die von Hamberg begonnene Arbeit nicht vergebens getan sein lassen wollte, sondern dieselbe mit reichen Früchten segnete.

Am 19. Februar dieses Jahres (1853) kam das englische Schiff "Artemisia" in den Hafen von Hongkong herein und brachte Geschwister Lobscheid nebst meiner lieben Schwester Friederike, welche den Bund der Ehe mit Bruder Genähr schliessen und in Verbindung mit der Barmer Mission dem Herrn in seinem Weinberg dienen wollte. Das waren frohe Tage, denn eine Stück Heimat war sozusagen zu uns gekommen. Wir dankten dem Herrn von ganzem Herzen, dass er die lieben Leute, zu denen auch Fräulein Julie Poser gehörte, als Gehilfin der Frau Neumann im Berliner Findelhaus, sicher hierhergebracht hatte. Nach der Hochzeit begleitete ich meine lieben Geschwister Genähr auf ihre Station Sai hyong, kehrte aber bald wieder um und suchte mir auch eine Station. Eine solche fand ich in Tungfo, wo Bruder Hamberg schon gewesen und wegen Unsicherheit durch Räuber wieder abgezogen war.

Abb. 8. Philipp Winnes. Daguerreotypie von 1852, dem Jahr seiner
Aussendung. Er war der dritte Missionar der Basler Mission in China.
Ursprünglich von Beruf Lehrer, eröffnete er in China die ersten
Missionsschulen der Basler Mission.

Man muss sogleich Anzeige von seiner Niederlassung machen und der Polizei die üblichen Taxen bezahlen. Dann darf kein Dieb etwas stehlen oder er muss es wieder herausgeben. Ich hatte allerdings einige Unannehmlichkeiten mit diesen Diebs- und Räuberbanden, aber es war nicht zu ändern, und die Zeit nahte heran, da ich meine liebe Braut, Fräulein Auguste Nordstedt, in Hongkong erwarten durfte.

Am 26. März 1853 schiffte Hamberg sich und seine Familie in Hongkong an Bord einiger chinesischer Boote ein, die er gemietet hatte, um auch seinen und meinen Hausrat bis Tungfo zu bringen, von wo aus Hamberg seine Sachen durch Träger nach Pukak schaffen lassen musste. Ich ging daher selbst auch mit. In Pukak war aber auch noch etwas zu bereinigen. Der Lilonger Christ und Predigtgehilfe Kong yin war nämlich in Pukak gestorben und die Leiche war noch auf der Station. Diese sollte jetzt begraben werden, und zu diesem Zweck musste ich nach Pukak gehen. Der Verstorbene war ein Mitglied des chinesischen Vereins gewesen und hatte tiefe Eindrücke von Hambergs Auslegung der Heiligen Schrift bekommen. Er war es, der mit dem Stock aus Rohr unter dem Rock zu Hamberg gekommen war und ihn um eine körperliche Züchtigung gebeten hatte, weil er die Anklagen seines Gewissens nicht mehr ertragen könne. Hamberg hat ihm einen besseren Weg gezeigt, und er ist nachher der Gründer unserer Station Lilong geworden.

Neben manchen erfreulichen Erfahrungen mit den jungen Christen gab es auch traurige genug mit den Heiden. Ein Krieg war ausgebrochen zwischen Pukak und dem benachbarten Dorf Tshau pu, der Geschwister Hamberg viel Ungemach verursachte.

Abb. 9. Station Lilong. Das erste Missionshaus, abgebildet in der Zeitschrift "Der Evangelische Heidenbote" 1866. Um sich besser gegen Raubüberfälle zu schützen, hatte das Haus fast keine Fenster und Eingänge.

Die Dorfleute hatten Kanonen ins Feld geführt, und manche Kugel flog über das Dach des Missionshauses hinweg. Einige schlugen sogar ein und versetzten die lieben Geschwister in Lebensgefahr.

Es ist die Schlechtigkeit der Regierung, die nicht nach Recht und Gerechtigkeit richtet, sondern Geschenke nimmt über den Unschuldigen, dass das Volk sich selbst helfen muss oder wenigstens meint, sich selbst helfen zu können, während solche Selbsthilfe gar oft mit dem Ruin beider Parteien endigt. Wenn jetzt in China so viel von Reform gesprochen wird, so ist vor allem nötig, der Bestechlichkeit der Beamten entgegenzuarbeiten, wobei der Kaiser den Anfang machen muss und die Ämter nicht um Geld verkaufen darf, wodurch er doch nur die Beamten zwingt, sich für ihre Ausgaben wieder selbst bezahlt zu machen.

Am 23. November 1853 kamen Geschwister Hamberg von Pukak nach Tungfo in der Absicht, nach Hongkong zu gehen. Ich schloss mich ihnen an zur Begleitung. Und da ihr Aufenthalt dort etwas länger dauern könnte, übernahm ich die Amtsverweserei von Pukak. Am 7. Januar wurde Geschwister Hamberg ihr zweites Söhnchen geboren (Victor Alexis Thau Schin). Meine Geschwister Genähr bekamen ein Töchterlein (Maria Elisabeth Schin On). Bruder Hamberg hatte auch die Freude, vier Chinesen zu taufen, welche früher schon Taufunterricht empfangen hatten. Ich machte in Hongkong die Bekanntschaft von Bruder Neumann, der gesandt war, um das Erbe Gützlaffs anzutreten. Es sollten ihm auch noch zwei Brüder von Berlin folgen, ein Theologe und ein Mediziner, Bruder Hanspach und Dr. Goeking. Es versteht sich von selbst, dass wir mit den englischen oder amerikanischen Missionaren brüderliche Gemeinschaft pflegten. Wir besuchten sie und nahmen Teil an ihren religiösen Übungen wie sie uns auch aufforderten, in ihren Kapellen zu reden und Zeugnis abzulegen von dem, was Gott an den Chinesen tat. Die englisch-kirchliche Mission war damals in Hongkong vertreten durch Bischof Smith, von der Londoner Mission waren es die beiden Doktoren Legge und Chalmers und von Amerika war ein baptistischer Missionar da, Mr Johnson, welcher auch den Hoklo-Dialekt gelernt hatte und mich öfters bat, ein Wort zu seiner Gemeinde zu reden. Ich legte mir ein Wörterbuch in Hakka an, wie ich ein solches im Hoklo-Dialekt ausgearbeitet hatte. Bruder Hamberg war auch an lexikographischer Arbeit, indem er ein Lexikon anlegte, das phonetisch geordnet war und das seither die Brüder unserer Mission gebraucht haben. Es fehlten zwar bei seinem Tod noch fünf Buchstaben, die ich aber fertigschrieb, und dann kopierten die meisten Brüder das Buch, weil der Druck zu teuer gewesen wäre. Ich befasste mich auch sonst mit literarischer Arbeit und schickte Aufsätze nach Basel über die chinesische Götterlehre, über Anthropologie und Geschichte.

Am 12. Januar durfte ich sieben Männern von Lilong in Pukak die heilige Taufe erteilen. Am 4. März 1854 kam das englische Schiff "Wynnstay" im Hafen von Hongkong an und brachte mit anderen Passagieren meine liebe Braut Auguste Nordstedt von Stockholm. Bruder Hamberg und Genähr gingen an Bord, um sie abzuholen. Ich erwartete ihrer am Land, bis Hamberg sie ins Haus brachte und die liebe Louise und Rikele[12] sie in mein Zimmer brachten. Gott sei Lob und Dank dafür gesagt. Ihm legten wir uns für unsere Zukunft, und besonders für die Arbeit in der Mission, ganz in seine Hände. Möge es uns gehen nach den Worten des Herrn an Paulus: «Lass dir an meiner Gnade genügen, denn meine Kraft ist in den Schwachen mächtig.» Am Samstag, dem 12. März, taufte Bruder Hamberg vier Chinesen, die schon einige Zeit im Taufunterricht gestanden waren. Unter ihnen war auch Li tschin Kau aus Tshyang yen. Wenn ich hier nur seinen Namen nenne, so geschieht es in der Hoffnung, ihm ein eigenes Kapitel widmen zu können[13]. Er war 25 Jahre lang mein treuester Gehilfe, und sein Andenken bleibt im Segen in den Gemeinden. Die liebe Auguste wohnte bei Geschwister Lobscheid und ich bei Hambergs. Wir waren den ganzen Tag beisammen, und ich erlabte mich an ihrer Frömmigkeit und an ihrem echt christlichen Sinn und Geist. Am 17. März fand unsere Hochzeit statt in der Union Chapel. Der liebe Bruder Genähr traute uns, und die Hochzeitsgäste versammelten sich bei Geschwister Lobscheid. Ausser dem englischen Bischof und Dr. Legge waren es sonst noch einige Freunde und Bekannte, die an unserem Fest teilnahmen. Am 20. März gingen meine lieben Geschwister Genähr auf ihre Station Sai hyong zurück. Am 26. besuchten wir die englischen Gottesdienste, vormittags in der Union Chapel und nachmittags in der Kathedrale. Ich führte die liebe Auguste auch in eine Kapelle, wo den Chinesen das Wort Gottes verkündiget wurde, und sie freute sich sehr, dass derselben doch eine gute Anzahl war.

Ich hatte für Bruder Hamberg eine Abschrift seines Büchleins über die Rebellion in China und den Anstifter derselben, Hung Syu tshen, gemacht[14] und fühlte mich jetzt gedrungen, nach unserer kleinen Hakka-Gemeinde in Pukak zu sehen, sie über Ostern mit dem Wort Gottes zu bedienen und dem lieben Bruder Winnes Gesellschaft zu leisten, der leider sehr für das Fieber veranlagt zu sein scheint. Er war gar nicht wohl als ich nach Pukak kam, wurde aber durch meinen unerwarteten Besuch sichtlich erfreut und aufgerichtet. Für uns junge Eheleute war natürlich die erste Trennung schmerzlich, aber um des Herrn und seiner Sache willen legten wir uns gerne eine kleine Verleugnung auf. Ich predigte am Palmsonntag in Tungfo, besuchte die Christen in ihren Häusern in Pukak und Lilong und predigte am Karfreitag über die sieben Worte Jesu am Kreuz. Mit Taufe und Abendmahl wollten wir warten, bis Bruder Hamberg selbst wieder auf der Station würde walten können. Nachdem ich Ostern auch noch mit den Christen in Pukak und Lilong gefeiert hatte, wollte ich gerne wieder nach Hongkong zurückgehen. Leider gab es kein Boot, und so ging ich nach Sai hyong, um dort ein Boot zu beikommen.

Die Verzögerung war sehr bedauerlich, und ich wusste nicht einmal, dass Auguste gefährlich krank lag in Hongkong an der roten Ruhr[15]. Am 19. April traf ich nachts um ein Uhr in Hongkong ein und ging stracks auf unser Haus zu. Auguste liess mich ein und teilte mir mit, dass sie krank sei und sehr Schmerzen habe. Am 22. starb die Schwester Julie Poser auch an dieser Krankheit, und wir fühlten uns natürlich etwas ängstlich um der lieben Auguste Befinden und schickten nach einem Arzt, dass er ihr etwas verschreibe zur Linderung ihrer Schmerzen. Doktor Barton kam und gab ihr Opium-Pillen, welche zwar die Schmerzen für eine Weile stillten, aber die Krankheit nicht mehr heilen konnten. Dr. Barton wünschte, dass noch ein anderer Arzt zu Rat gezogen werden möchte, aber Dr. Dempster konnte auch nichts anderes vorschlagen. Wir sprachen deshalb jetzt vom Sterben miteinander. Sie meinte, es sei ihr noch nicht gewiss, dass der Herr sie schon hinwegnehmen wolle. Sie möchte auch gerne hierbleiben um meinetwillen und damit die Leute nicht sagen, sie hätte ebensogut daheim sterben können und brauchte nicht nach China zu gehen, um dort in der Erde begraben zu werden. Sanft trösteten wir einander mit Gottes Wort und sprachen einander Mut zu zu glauben, was der Herr uns in Seinem Wort sagen will.

Am 27. April 1854 in der Mitternacht stand ihr Atem still, und der von dem Land des irdischen Wesens erlöste Geist durfte sich aufschwingen zu dem Licht, wo alles Alte vergangen und alles neu sein wird, wo wir erkennen werden, wie wir erkannt sind, und manches ängstliche «Warum» seine Lösung finden wird.

Ich war nun auch krank geworden und konnte meine geliebte Gattin nicht zu ihrer letzten Ruhestatt begleiten. Wie gerne würde ich mit ihr gegangen sein, denn alles war öde um mich her, solch grosse Lücke hatte ihr Hingang für mich gemacht. Aber unsere Tage sind ja alle geschrieben in Gottes Buch, wie viele ihrer werden solle. Darum sollen wir «warten und eilen», wie Petrus sagt - nämlich warten auf die Winke des Herrn und eilen, dieselben auszuführen. Nach dem Tod meiner seligen Frau fing Bruder Hamberg an zu kränkeln, indem ein früheres Herzleiden erwachte und Fieber mit Diarrhoe dazu kam. Doktor Barton hielt Hambergs Unwohlsein nicht für bedeutend, aber am 13. Mai starb auch er und liess seine Frau und Kinder sowie seine Missionsarbeit in unseren schwachen Händen. Bruder Winnes war von Pukak herübergekommen, um mich zu trösten über den Tod meiner seligen Gattin, ohne zu ahnen, dass er auch unserem vielgeliebten Bruder Hamberg die letzte Ehre würde erweisen müssen, ihn zum Grab zu begleiten. Am 14. Mai fand die Grablegung statt. Der englische Bischof fungierte. Es traf sich, dass eine militärische Beerdigung zu gleicher Zeit stattfand, die mit Trauermusik vor uns herzog, was einen recht feierlichen Eindruck auf uns machte. Die Töne der Musik klangen wir ein Echo aus einer besseren Welt zu uns herüber. Und es war wie eine Aufforderung, den Geist sich durch das Elend dieser Welt hindurchringen zu lassen, um dort zu ruhen, wo ewiger Friede und ewige Freude wohnen. Indem ich dies hier niederschreibe und die

Erlebnisse jener Zeit an meinem Gedächtnis vorübergehen lasse, ergreift mich ein tiefes Weh, ja ein brennender Schmerz, denn ich weiss, wieviel die arme Schwester Hamberg gelitten hat. Aber welch ein Trost ist es nicht zu wissen, dass jetzt alle diese Lieben daheim sind bei dem Herrn, wo sie Freude die Fülle und liebliches Wachen zur Rechten Gottes geniessen dürfen, immer und ewiglich.

Dagegen sind wir noch hier und gingen einer schwierigen Zeit entgegen. Meine lieben Geschwister Genähr, die geholfen hatten, die liebe Frau Hamberg für die Heimreise auszurüsten, gingen auch auf ihre Station Sai hyong zurück, und nachdem die liebe Frau Hamberg in dem Segelschiff "Estafette" von Hongkong abgereist war, dem Gnadenschutz des himmlischen Vaters mit ihren Kindlein anbefohlen, durfte ich auch daran denken, die Missionsarbeit wieder in den Vordergrund treten zu lassen. Zunächst ging ich nach Pukak über Sai hyong, um meine lieben Geschwister Genähr zu grüssen, die ich Gott sei Dank wohl antraf. Dort war auch ein neuer Barmer Missionar namens Krone angekommen. Derselbe ging mit mir nach Pukak, wo wir Bruder Winnes etwas unwohl und gedrückt antrafen. Unser Erscheinen heiterte ihn auf. Sehr schmerzlich bewegte uns die Nachricht, welche wir in Pukak erhielten, dass Frau Lobscheid in Hongkong in Folge ihrer Entbindung am 5. August gestorben sei. Der vierte Todesfall in der deutschen Mission im Jahr 1854! Bruder Winnes, Krone und ich gingen nach Hongkong, um ärztlichen Rat einzuholen. Dr. Barton lehnte weitere Behandlung ab, und wir wandten uns zu Dr. Harland. Wir hatten auch die Freude, den lieben Bruder Burns von der schottisch-presbyterianischen Mission und Doktor Bettelheim, der acht Jahre auf den Lu tschu

Inseln missioniert hatte und nun nach England zu reisen beabsichtigte, grüssen zu dürfen.

Nun türmten sich aber andere Sorgen um uns her auf, indem die bekannte Thai ping-Rebellion an der Schwelle unseres Hauses auftauchte und grosse Verwirrung in der jungen Christengemeinde anzurichten drohte. Hamberg hatte die Bekanntschaft eines Verwandten des Rebellenhauptes gemacht, mit Namen Yit Khyam, von welchem er durch viele Sitzungen das Material heraus erfragte, welches Bruder Hamberg befähigte, seine Broschüre über den Rebellenkönig, der sich Thai ping wong titulierte, abzufassen. Gemäss dem Inhalt dieser Broschüre war grosse Hoffnung, dass, wenn dieser Friedenskönig das von ihm gesteckte Ziel erreichen könnte, nämlich den chinesischen Thron einzunehmen, die Götzen wegzuwerfen und die zehn Gebote als Grundlage für eine neue Gesetzgebung anzuerkennen, China wirklich eine Erneuerung erfahren könnte, wie man sich nichts Wunderbareres hätte denken können. Aber im Propheten Zacharias steht deutlich geschrieben, Kapitel 4, 6: «Es soll nicht durch Heer oder Kraft, sondern durch meinen Geist geschehen, spricht der Herr Zebaoth.» Von diesem Geist konnte man aber wenig wahrnehmen in dieser aufrührerischen Bewegung, sondern Raub und Plünderung, Mord und Mordbrennen waren an der Tagesordnung. So traf ich es auch bei meiner Rückkehr von Hongkong nach Pukak. Auf dem Weg von Sai hyong nach Pukak kommt man durch ein Dort namens Mong theu fu. Dort war eine Schlacht geschlagen worden zwischen einer von den auf Raub ausgehenden Banden und den Rebellen und den Regierungs-truppen, wobei die letzteren siegten und die Bande der Rebellen zerstreut wurde. Leider waren bei dieser Bande auch Christen aus unserer Gemeinde in Lilong und sogar zwei Männer, die schon als

Gehilfen in Dienst genommen waren. Es waren ihrer 13 Namen, die von der Liste der Gemeindeglieder ausgeschlossen werden mussten, und die zwei Gehilfen mussten ihres Amts entsetzt werden. Die Gesinnung der Leute in dieser Gegend ist gegen die Rebellen. Weil dieselben als Gottesanbeter mit uns von gleicher Religion zu sein schienen, so kam die Mission dadurch in üblen Ruf, und es wurde sogar besprochen, dass unsere Kapelle geschlossen und der christliche Gottesdienst eingestellt werden solle. Auf einen solchen Vorschlag konnten wir uns jedoch niemals einlassen, da es sich bei uns im Gegenteil nicht um Beschränkung, sondern um Ausdehnung handelte.

Es waren eine Anzahl Taufbewerber vorhanden, und ich hatte nach besten Kräften dafür gesorgt, dass denselben eine genügende Vorbereitung zum Empfang des heiligen Sakraments zuteil werden sollte. Das war keine leichte Aufgabe um der Verschiedenheit der Petenten willen. Da waren zum Beispiel zwei Frauen, welche wenig Vorkenntnisse hatten, so dass ich ihrem Unterricht den christlichen Primer[16] zu Grunde legte. Für andere, welche des Abends kommen konnten, nahm ich den Katechismus durch, den Bruder Genähr ausgearbeitet hatte, wobei alle Bibelstellen nachgeschlagen und erklärt wurden. Nach diesem folgt noch eine Stunde Taufunterricht mit einem Sprachlehrer, der Bruder Winnes Sprachunterricht erteilte. Ausser diesen sind es noch mehrere, welche schon seit längerer Zeit die Götzen weggeworfen und sich an die Gemeinde angeschlossen haben. Aber das sind meist arme Leute in Lilong und Kakha, bei denen der Kampf ums Dasein die meiste Zeit in Anspruch nimmt. Vom Heidentum sind diese Leute insoweit los, dass sie nicht mehr mit den äusseren Werken desselben zu tun haben wollen. Aber das Christentum ist noch nicht so tief in ihre

Herzen eingedrungen, dass sie wirklich bekehrt wären. Man muss sich damit begnügen, dass sie durch den Umgang mit Gliedern einer christlichen Gemeinde und den Besuch der christlichen Gottesdienste, wo sie Predigt hören und durch Gesang und Gebet in einen Kreis von Vorstellungen über Gott hineinversetzt worden sind, der sie von den Heiden wesentlich unterscheidet. Sie kennen Luthers kleinen Katechismus. Möge der Herr uns in unserem Teil Treue schenken, dass wir so mit diesen schwächlichen Pflanzen umgehen können, dass sie gerettet werden und der Herr verherrlicht werde. Gott ist getreu, welcher wird es auch tun.

So taufte ich dann in Pukak am 8. Oktober zwölf Personen, am 15. Oktober 17 Personen und am 22. Oktober sieben Personen. Ich schrieb damals dazu hin: «Mögen ihre Namen angeschrieben sein in dem Buch des Lebens, dass diese alle aus Gottes Kraft durch den Glauben bewahrt werden zum ewigen Leben.» Diese alle sind noch als die Frucht der Missionsarbeit des seligen Bruders Hamberg anzusehen, denn hier ist der Spruch wahr: «Dieser säet, der andere schneidet.»

Während wir uns freuten über der Eroberung, die wir gemacht, und dem Feind der Seelen Leute entrissen hatten, kam auch aus weiter Ferne erfreuliche Botschaft von weiteren Siegen des Evangeliums. Es war der noch von dem seligen Bruder Hamberg getaufte Tschong hin, der - nachdem er einige Zeit in Geschäften sich in der Provinz Quangsi aufgehalten hatte und von dort nach Hongkong gekommen war - nach empfangener Taufe wieder in seine Heimat Tschonglok zurückkehren wollte, der Bruder Hamberg erzählte, dass die Leute in seiner Heimat geneigter sein würden, die Predigt vom Reich Gottes aufzunehmen als er es im Süden der Provinz angetroffen habe.

Daraufhin ermutigte ihn Bruder Hamberg, sein Möglichstes zu tun, um den ihm anvertrauten Schatz zu vermehren und seinen Landesgenossen das Evangelium zu verkündigen. Das tat Tschong hin mit solchem Erfolg, dass er von Dorf zu Dorf ziehend Propaganda machte und Männer und Weiber für das Christentum gewann. Tschong hins Wohnhaus in dem Dorf Kau tsai diente als Versammlungslokal, wohin die erweckten Gottesanbeter zusammenkamen, um den Sonntag zu feiern und am Tag des Herrn keine Arbeit zu verrichten und auch sonst nach den Geboten Gottes zu handeln. Tschong hin war kein Gelehrter, legte aber denen, die sich um ihn gesammelt hatten, das Wort Gottes, respektive das Neue Testament, aus und betete mit seiner Gemeinde, welche er einige Monate bediente und dieselbe bedeutend vermehrte. Seine Erzählungen nahm ich zu Papier und schickte sie vor das Komitee mit der Bitte, nun den Chinesen in Tschonglok einen Missionar zu ihnen zu senden, der ihnen den Weg des Heils zeigte. «Komm herüber und hilf uns», tönte es in unseren Herzen, und wer hätte sich nicht gerne sogleich auf den Weg gemacht, um Hilfe zu leisten. Aber fürs Erste war die chinesische Mission daheim sehr in Misskredit gekommen durch die Erfahrungen mit Gützlaffs chinesischem Verein, und fürs Zweite hatten sich schwarze Wolken in der Politik zusammengezogen, sodass es ausser Frage war, dass ein europäischer Missionar es hätte wagen dürfen, weiter ins Inland vorzudringen.

Abb. 10. Der Katechist Tschong hin aus Tschonglok.
Vorwiegend durch seine Initiative entstand in Tschonglok eine
christliche Gemeinde. Später wurde in Tschonglok auch eine
Missionsstation der Basler Mission gebaut.

Die von Berlin erwarteten Missionsgeschwister Hanspach und Goeking sollten Bruder Neumann unterstützen und zwei Schwestern, Charlotte Süsserott und Elisabeth Nagel, sollten das von Frau Neumann angefangene Werk, Findelkinder aufzunehmen, fortsetzen und erweitern. Da kam plötzlich, wie ein Blitz aus heiterer Höhe, eine Kriegserklärung von England an China, weil die englische Flagge verhöhnt worden sei und der chinesische Gouverneur von Quangtung nicht Abbitte tun wollte. Ich war gerade in Hongkong und Bruder Winnes war allein in Pukak. Doch gesellte sich am Abend Bruder Lobscheid von Hoan zu ihm, was jedoch für keinen von beiden von Nutzen war. Der Gouverneur von Quangtung hatte nämlich schon Prämien ausgeschrieben für den Kopf eines jeden Ausländers, und obgleich die Summe nur dreissig Dollar betrug, gab es Leute genug, die das Blutgeld verdienen wollten und eine Belagerung der Kapelle in Pukak veranstalteten, um sich der Person des dort wohnenden Missionars zu bemächtigen. Ein guter Fang wäre es für die geldgierigen Menschen gewesen, wenn sie zwei Häupter von Europäern hätten abliefern können. Aber das sollte ihnen nicht gelingen. Winnes schickte zunächst zu den Ältesten und liess fragen, welchen Schutz sie ihm angedeihen lassen können. Aber diese steckten mit den losen Buben unter einer Decke und sagten, dass sie um ein Lösegeld die Forderungen der jungen Leute würden befriedigen können. Der Gouverneur gebe 30 Dollar für einen Kopf, dem Missionar werde der seinige wohl mehr wert sein, und sie denken 1000 Dollar per Kopf wäre nicht zu viel gefordert. Bruder Winnes sagte den Ältesten, dass er kein Geld habe, sie können mit ihm machen, was sie wollen. Darauf begannen sie das Haus zu stürmen, brachen die Türen ein und drangen mit Schwertern und Spiessen auf die beiden Missionare

81

ein. In dem ersten Augenblick der Verwirrung machte sich Lobscheid auf das Dach unseres Hauses, sprang auf der anderen Seite herab und konnte sich in einer tieferliegenden Stelle des vorüberfliessenden Baches verbergen, die mit dichtem Gebüsch überhangen war. Dort blieb er zwei Stunden lang und hörte seine Verfolger um die Stelle herumgehen; ja er bemerkte sogar, wie sie mit ihren Spiessen in das Gebüsch hineinstachen. Aber der Herr wachte über dem Leben des lieben Bruders, dass ihm kein Leid widerfuhr. Nachdem Lobscheid sich versichert hatte, dass keine Leute mehr in der Nähe seien, kam er hervor und kroch durch die Reisfelder weiter. In diesen wurde er von einem Vertrauten, unserem gewöhnlichen Sänftenträger, gefunden, der ihn gesucht hatte. Dieser gab ihm chinesische Kleider und brachte ihn nach Sai hyong, von wo er mit Genähr und Louis ein Boot nahm, um nach Hongkong zu fahren. Auch in Sai hyong wurden sie mehrmals verfolgt, indem etwa 40-50 von diesen losen Leuten ihnen nachjagten und sie gefangennehmen wollten. Aber der Herr liess es ihnen nicht zu, und die Brüder entkamen glücklich nach Hongkong, wo die in Angst harrende Gattin Bruder Genährs ihn wieder umarmen durfte. Bruder Winnes befand sich unterdessen mit seinen Feinden in Pukak in *einem* Zimmer. Der Herr gab ihm aber Mut, so dass er nicht für sein Leben fürchtete, obgleich die bösen Buben anfingen, das Haus zu plündern. Kleider, Uhr, Waffen, Bestecke, Hausgeräte - überhaupt alles, was ihnen unter die Hände kam - nahmen sie fort, liessen aber glücklicherweise, aber knapp, die Bücher unberührt. Endlich wurde ein Übereinkommen mit den beutegierigen Menschen erzielt. Selbstverständlich verhandelten die Ältesten nur zum Schein mit denselben, denn sie schauten selbst mit grösster Gier nach Beute aus, und das junge Volk musste zufrieden sein mit dem, was die

Ältesten ihnen von dem ganzen Handel zukommen lassen wollten. Das Wenigste, was die Leute in Pukak für das Leben des Missionars nehmen wollten, war 240 Dollar. Dafür sollte er seine Freiheit bekommen, und sie wollten ihn halbwegs begleiten, dass er sicher sei. Er sollte versprechen, keinerlei Massregeln in Hongkong gegen sie zu ergreifen, um sich an Pukak zu rächen. Die Ältesten versprachen auch, auf die in Pukak zurückgelassenen Sachen achtzugeben, dass nichts weiter davon geraubt werde. In Hongkong wusste man nichts von dem Schicksal der deutschen Missionare, die durch die unerwartete Kriegserklärung Englands in Lebensgefahr geraten waren. Erst ein Brief von Lobscheid an den englischen Kolonial-Kaplan, den er in Pukak geschrieben und die Gefahr, in der sie schwebten, dargestellt hatte, welchen Brief zwei Vertrauensmänner über Land in der Nacht nach Hongkong getragen hatten, brachte die erste Nachricht und erregte die lebhafteste Teilnahme. Herr Kaplan Irving ging sogleich mit mir zu dem englischen Gouverneur und stellte ihm die Sache dar. Derselbe, Sir John Bowring, war ein wohlwollender Mann und versprach ungesäumte Hilfe. Achtzig englische Soldaten mit den Offizieren und einem Arzt sollten gehen, um die deutschen Missionare zu retten. Ich sollte nur für ein Dampfschiff sorgen. Zu diesem Zweck wandte ich mich an die Peninsular and Oriental Steamship Navigation Company und bat um ein Dampfschiff, welches der Direktor der Gesellschaft mir sogleich gewährte und der Basler Mission nie eine Rechnung für die Unkosten machte. Ebensowenig kosteten die Soldaten, und wir fühlten uns England zu aufrichtigem Dank verpflichtet für solch hochherzige Behandlung, die wir von Repräsentanten der Königin von England erfahren durften. Am 9. November 1856, Sonntag Nachmittag zwei Uhr, rückte ich mit dem Militär in Pukak ein, zum grössten

Erstaunen der Chinesen, die kaum ihren Augen trauten. Bruder Winnes fanden wir bereits ausser der dringendsten Gefahr. Er war froh, per Dampfschiff die Reise nach Hongkong machen zu dürfen, wo ihm keine weitere Gefahr drohte. Das Lösegeld, welches Winnes versprochen hatte, musste um deswillen bezahlt werden, weil unser Haus noch dort stand und unsere Bücher nebst anderen Sachen enthielt, für deren Erhaltung die Ältesten gutsprachen. Soweit waren nun alle Glieder von der deutschen Mission, die auf dem Festland arbeiteten, der Gefahr entronnen, und wir vereinigten uns zu gemeinschaftlichem Gebet, Gott zu Lob und Preis für Seine gnädige Errettung und baten den Herrn, dem Krieg ein baldiges Ende zu machen, dass der Bann Seines Reiches weitergeführt werden könnte.

Das Kriegsglück war nicht auf Seiten Chinas. Es konnte der europäischen Kriegsführung nicht die Stange halten. Die Stadt Kanton wurde beschossen und mit Verlust eines einzigen Engländers in kurzer Zeit erobert. Die Engländer besetzten die stolze Stadt, in welche bis jetzt kein Europäer seinen Fuss hatte setzen dürfen, und regierten dieselbe drei Jahre lang, so dass die Chinesen anfingen zu verstehen, was eine gerechte Regierung mit sich bringe. Der Friede von Thien tshin machte diesem Krieg ein Ende, und China musste sich dazu verstehen, mehr Hafenstädte für die Kaufleute zu öffnen und den Missionaren zu gestatten, mit Pässen versehen, im ganzen Land reisen zu dürfen sowie auch Schulen und Kapellen zu eröffnen, ohne dass weder die ausländischen Missionare, noch die einheimischen Christen belästigt oder verfolgt werden dürften. Das war eine Errungenschaft, für die wir Gott dankten, denn damit war unendlichen Plackereien ein Ziel gesetzt und dem Evangelium freie Bahn gebrochen worden. Während des Kriegs mussten wir uns in Hongkong aufhalten. Der englische Kolonial-Kaplan bot aufs freundlichste Bruder Lobscheid und mir Wohnung an in seinem Haus, dem St. Pauls College, während Bruder Winnes sowie auch die Barmer Geschwister auf dem Morrison-Hügel bei den Berliner Geschwistern ein zeitweiliges Unterkommen fanden. Später baten wir das Komitee um eine eigene Wohnung und um einen weiteren Missionar, wie im Heidenboten vom September 1856 zu lesen ist, wo es heisst: «Dann bittet Bruder Lechler um einen weiteren Missionar für unsere chinesische Mission und um die Gestattung, in Gemeinschaft mit anderen deutschen Missionaren eine eigene Wohnung auf der englischen Insel Hongkong miteinander kaufen oder erbauen zu dürfen, weil die Verhältnisse es unvermeidlich machen, dass sie zuweilen auf dieser Insel verweilen müssen und weil sie ohne den Besitz einer eigenen Wohnung oft nicht wissen, wo sie das Haupt hinlegen sollen.»

Die Verbindung mit unseren Christen im Land war durchaus nicht abgeschnitten, weil die Chinesen hin- und hergehen konnten, wie sie wollten, und wir konnten Besuche bekommen und die Korrespondenz mit den Christen im Land unterhalten. Am Sonntag kamen alle zum Gottesdienst, den ein eingeborener Lehrer leitete. Ein Verzeichnis wurde geführt und eine Präsenzliste ausgefertigt, wodurch uns Kenntnis gegeben werden sollte von dem Besuch des Gottesdienstes. Hier in Hongkong fehlte es in dem St. Pauls College zuerst an einem europäischen Lehrer, und ich habe auf Bitten des Herrn Irving den Unterricht provisorisch übernommen, Bruder Winnes wird auch ein Pensum übernehmen. Die Kriegführung in China wurde sehr gehemmt durch die zur gleichen Zeit entstehende Rebellion in Indien. Indische Regimenter, die nach China gekommen waren, mussten wieder zurückgeschickt werden, weil das Bedürfnis in Indien drängender war als in China. "John Bull" brauchte nicht zu fürchten, dass "John Chinaman" den Stiel umdrehen und ihn mit Krieg überziehen würde. Dazu hätten die Chinesen zu viel Respekt vor den englischen Kanonen gehabt. Doch war die temporäre Niederlage der Engländer bei dem Fa mu-Fort[17] schon hinreichend, die Chinesen in Harnisch zu bringen und ihr Selbstvertrauen zu stärken, dass sie schliesslich mit den Barbaren fertig werden könnten. Dagegen gebrauchten die Chinesen allen möglichen Kleinkrieg, um ihrem Feind Schaden zuzufügen. Was ihnen im Fall der Missionare nicht gelungen war, führten sie gleichwohl an anderen Europäern aus. Und es war keine geringe Anzahl solcher, die vermisst wurden, über welche man sich keine andere Rechenschaft geben konnte, als dass sie der List der Chinesen, die den Kopfpreis verdienen wollten, zum Opfer gefallen sein werden. Da man fürchten musste, dass drei zerstreute Banden von hinter der Insel über die Stadt Victoria herfallen könnten und sich auf Morden und Rauben verlegen, so wurde ordentliche Patrouille aufgestellt, um Wache zu halten, welcher Pflicht wir uns auch nicht entziehen durften. Aber der heilloseste Einfall war der, dass der Bäcker von Hongkong, welcher die meisten Europäer mit Brot zu versehen pflegte, dreissig Pfund Arsenik in den Teig mischte, hoffend, dass die meisten Europäer daran sterben oder erkranken würden und es so leicht sein müsste, sich der übrigen zu bemächtigen und die Insel von den Barbaren zu befreien. Merkwürdigerweise ist kein einziger Europäer durch diesen teuflischen Plan ums Leben gekommen. Nur von Erkrankungen hörte ich, aber auch nur in wenigen Fällen. Die Geschwister beruhigten sich allmählich.

Doch hatte Bruder Genähr den Raub seiner Güter auf der Barmer Station Sai hyong zu ertragen.

Das Jahr 1857 warf mich wieder aufs Krankenlager und hielt mich lange dort fest. Eine Erholungsreise nach Amoy in der Provinz Fukkien war wohl zeitweilig von Nutzen, konnte aber nicht verhindern, dass die Dysenterie nicht immer wiederkehrte, so dass endlich Dr. Goeking erklärte, ich müsse eine längere Seereise machen, um den Hang zur roten Ruhr zu überwinden. Es fiel mir schwer, Bruder Winnes allein zurückzulassen, besonders solange der Friede zwischen den kämpfenden Mächten noch nicht ganz hergestellt war. Allein, jetzt war eine passende Zeit, solange wir nicht volle Freiheit zu unserer Arbeit hatten, die ich so schon nicht ganz aufnehmen konnte, weil ich durch die Krankheit geschwächt war. Und so entschloss ich mich, dem ärztlichen Rat zu folgen und mich für die Heimreise zu rüsten.

Bruder Winnes hatte die Katechistenschüler von Lilong nach Hongkong kommen lassen, um den Unterricht an ihnen fortzusetzen und hatte es auch gewagt, im Jahr 1858 selbst einen Besuch in Lilong zu machen und war mit Jubel von den Christen aufgenommen worden, während die Leute in Pukak ihn sehr frostig empfangen hatten. Ein alter, über siebzigjähriger Mann namens Tschhin Si pak humpelte mit dem Stock dem Missionar entgegen und rief: «Unser Hirte kommt, unser Hirte kommt!» Das veranlasste Bruder Winnes, sich nicht mehr in Pukak niederzulassen, sondern in Lilong zu bleiben und von dort die Aussenstationen Maham und Tschong hang kang zusammen mit Lilong, Kakha und Hatshun zu bedienen. Weil wir Basler noch kein eigenes Predigtlokal in Hongkong hatten, waren die Missionare von der London Mission so freundlich, uns an dem ihrigen mit teilnehmen zu lassen. Ich durfte vor meiner Abreise noch zwölf

Männer in Hongkong taufen. Ob ich sie bei meiner Rückkehr wiedersehe?

Zehntes Kapitel: Auswanderungen

Die Bevölkerung ist sehr schwankend, und die einzelnen Christen verschwinden fast unter der Masse des Volks. Die ersten grösseren Auswanderungen fanden statt nach Demerara in Britisch Guyana. Die englische Regierung wünschte arbeitslustige Leute in ihren Kolonien dort einzuführen, richtete ein Segelschiff aus und bot freie Überfahrt von Hongkong nach Demerara jedem an, der Lust hatte auszuwandern mit der Aussicht, durch fleissige Arbeit seine Existenz zu verbessern. Das liessen sich die Chine-sen nicht zweimal sagen, und auch aus unseren Gemeinden in Hongkong und Lilong war eine gute Anzahl bereit, das Anerbieten der englischen Regierung anzunehmen. Es traf sich so, dass ein Verwandter des Rebellenkönigs unter ihnen war, der in Lilong im Predigerseminar hospitiert hatte und der, dank seiner chinesischen Bildung, gute Fortschritte in dem Verständnis der christlichen Religion machte, so dass ihm eine Schule anvertraut werden konnte. Als früherer Rebell war er aber in China seines Lebens nie sicher, und so wünschte er, sich an die Auswanderer anzuschliessen und mit nach Demerara zu gehen. Dort war man froh um ihn und setzte ihn sogleich ein zum Diakon für seine Landsleute sowie auch zum Heidenprediger für die noch Unbekehrten. Durch ihn erfuhren wir von Zeit zu Zeit, wie es unseren Christen in weiter Ferne erging. Auch war ein Missionar in Demerara namens Huntley, mit dem ich öfters korrespondierte und von ihm Nachricht über Fung Khui syu erhielt, welches der Name des Diakons war.

Die zweite grössere Auswanderung ging nach Kalifornien, wo die Chinesen den Goldgräbern folgten und zufrieden waren mit dem geringeren Ertrag ihrer Arbeit, der immer noch grösser war als was sie in China verdienen konnten. Auch in Kalifornien waren Missionare, die sich der Chinesen annahmen. Und als wir anno 1886 dort waren, trafen wir einen Missionar aus Kanton, bei dem wir einem chinesischen Gottesdienst beiwohnen durften.

Doch die zahlreichste Auswanderung ging auf die Hawaiischen Inseln, wohin mehr Familien, und unter ihnen christliche, gingen, als sonst irgendwo hin. Der Seekaplan Damon erzählt uns, wie sie sich gefreut haben, eines schönen Morgens eine Anzahl Chinesen in ihrem Hof stehen zu sehen, von denen jeder ein Papier in der Hand gehalten habe, das ihn als Christen legitimiert habe. Ja noch mehr, auch chinesische Frauen und Kinder seien gekommen; und das sei gerade der sehnlichste Wunsch des Königs von Hawaii gewesen, dass Familien kommen und auf seinen Inseln bleiben sollen, weil sein eigenes Volk am Aussterben war. Wie sich nun die Christen auf den Inseln verteilten, so fanden sie entweder Anschluss bei schon bestehenden Gemeinden oder es wurde ihnen Gelegenheit gegeben, sich ihr eigenes Gotteshaus zu erbauen und sich ihren eigenen Pastor zu wählen, um ungehindert ihren Gottesdienst zu verrichten. Wir brachten drei Monate auf Hawaii und den anderen Inseln zu, und ich machte eine Beschreibung unserer Erlebnisse, die im "Magazin" gedruckt worden ist.[18]

Elftes Kapitel: Heimreise nach Basel und Aufenthalt in der Heimat

Ich bin der Berichterstattung etwas vorausgeeilt und nehme nun wieder den Faden der Geschichte auf, da, wo ich ihn verlassen hatte, nämlich auf der Heimreise im Jahr 1858. Ich hatte Passage genommen auf einem englischen Postschiff und fühlte sofort den wohltätigen Einfluss auf mein körperliches Befinden durch die Seeluft. Der Appetit kam auch bald, und je näher es der alten Heimat zuging, desto kräftiger war das Gefühl. Der Weg führte über Singapur, Ceylon, Aden, Suez, Kairo. Ich erinnere daran, dass die Hinreise auf der Strecke Kairo – Suez durch die Wüste führte, die wir im zweirädrigen Omnibus in einem Tag und einer Nacht zurücklegten, wobei sechs Personen in *einem* Wagen sitzen mussten. Das war jetzt anders, und die Passagiere konnten eine Eisenbahn benützen, die uns schneller ans Ziel brachte. Von Ägypten ging ich Triest zu und eilte ohne Aufenthalt der Heimat entgegen, wo ich mich an Eltern und Geschwistern ergötzte und bald wieder heimisch wurde.

In Basel meldete ich mich schriftlich an und wurde dort mit herzlicher Liebe von Herr Inspektor Josenhans empfangen. Das Interesse für die chinesische Mission hatte sich nicht vertieft. Ich wurde sogar einmal gefragt, ob die Chinesen auch fähig seien, das Evangelium aufzunehmen? Das war der Eindruck, den ich mehr als an einem Ort fand, und zwar war das die Folge von den Ereignissen in China, wo die Geschichte des chinesischen Vereins solches Misstrauen erzeugt hatte, und auch die Geschichte des Hung Syu tshen mit seiner sogenannten "himmlischen Friedens-Dynastie" nichts besser machte. Meine Antwort war einfach die, dass wenn der Herr Jesus - Markus 16 -

seine Jünger beauftragt habe, das Evangelium aller Kreatur zu verkündigen, Er die Fähigkeit zur Aufnahme vorausgesetzt haben müsse. Herr Inspektor Josenhans wünschte, dass ich in Basel und anderen Städten Vorträge über China halten sollte, um den Missionsfreunden in der Heimat eine bessere Meinung über die Chinesen beizubringen und das allgemeine Interesse für die chinesische Mission zu heben. Das tat ich gerne und machte mich alsbald an die Arbeit. Im Ganzen waren es acht Vorträge, die ich in verschiedenen Städten Deutschlands und der Schweiz gehalten habe und die nachher auch gedruckt erschienen sind mit einer Vorrede von Herrn Inspektor Josenhans[19]. Ich besuchte auch Herrn Hofprediger Hoffmann in Berlin, unter dem Hamberg und ich ausgesandt worden waren, und ging von dort nach Stockholm, um die Verwandten meiner seligen Frau und des seligen Bruders Hamberg zu besuchen und persönliche Bekanntschaften mit den dortigen Missionsfreunden anzuknüpfen. Dr. Fjellstedt war damals Inspektor der schwedischen Mission, und er sorgte dafür, dass ich nicht umsonst in Schweden gewesen sein sollte. Das Interesse für die Mission in China datierte natürlich noch von Hamberg her, und die lieben Missionsfreunde in Schweden hatten immer ihre Beiträge nach Basel gesandt. Für künftighin empfahl ich ihnen einen besonderen Zweig des grossen Missionsbaums unter ihre Fürsorge zu nehmen und die Schulen ins Auge zu fassen. Dadurch wurden die Sonntagsschüler in das Missionsinteresse hereingezogen, und es entstand ein Wetteifer um ein Chinesenkind, für welches die Unkosten zu seiner Schulung aufgebracht werden mussten. Die Sache fing klein an, mit vier Mädchen, breitete sich aber schnell aus, so dass es jetzt 51 Kinder sind, für welche alljährlich das Geld für ihre Erziehung

Abb. 11. Friedrich Joseph Josenhans, Inspektor der Basler Mission von 1850 bis 1879.

in China nach Basel geschickt wird. Wie an anderen Orten, so ist ja Gott sei Dank das Missionsinteresse besser erwacht, und auch in Schweden glaubt man an ein "Missions-Jahrhundert". Da und dort entstand Nachfrage, und christliche Liebe fühlte sich gedrungen, für das Heil der unsterblichen Seelen der Chinesenkinder durch ihre Erziehung zu sorgen.

Am 19. März 1859 verlobte ich mich mit meiner jetzigen lieben Frau, die entschlossen war, mit mir auf den Kampfplatz in China zu ziehen und Freud und Leid mit mir teilend, dem Herrn zu dienen in der Mission. Ihren Namen habe ich schon eingangs genannt, nämlich Marie Stotz, älteste Tochter des seligen Pfarrers Stotz, einst in Neckarweihingen und auch dort begraben. Die Mutter gab ihre Zustimmung mit Freude, und wir haben den Segen unserer frommen Eltern deutlich verspüren dürfen während einer vierzigjährigen, gemeinschaftlichen Arbeit in China.

Abb. 12. Rudolph Christian Friedrich Lechler 1860

Abb. 13. Marie Charlotte Louise Lechler-Stotz 1860

Zwölftes Kapitel: Zweite Ausreise nach China

Ich hatte zwei Winter in der Heimat zugebracht und fühlte mich gekräftigt, aber die Diarrhoe wollte nicht ganz weichen. Als daher Herr Inspektor Josenhans mir mitteilte, dass die Komitee beschlossen habe, uns per Segelschiff ums Kap herum nach China reisen zu lassen, liess ich mir's gerne gefallen um der in Aussicht stehenden langen Seereise willen. Am 2. August 1860 hatten wir Hochzeit. Im September 1860 sollten wir zur See gehen mit einem englischen Schiff von Plymouth ab. Mein seliger Vater veranstaltete eine Abschiedsfeier, indem er eine Anzahl von Freunden und Bekannten einlud, in gemeinschaftlichem Gebet und mit Hände Auflegen den Segen Gottes über uns zu erflehen, uns beizustehen in aller Not und uns nach vollbrachtem Lauf mit vielen Garben für die himmlischen Scheunen eingehen zu lassen zu unseres Herrn Freude. Am 10. September 1860 nahmen wir Abschied von unseren Lieben in Kornwestheim und Ludwigsburg und fuhren nach Basel. Dort fand am 12. die Verabschiedung vor dem Komitee statt, und tags darauf hielt Herr Inspektor noch eine Versammlung im Saal, um uns mit denen, die im Begriff waren nach Indien abzureisen, der starken Obhut unseres dreieinigen Gottes sowie der gläubigen Fürbitte der Missionsgemeinde zu empfehlen.

Am 15. ging es England zu. Unser teurer, unvergesslicher Freund, Dr. Ostertag, begleitete uns bis Mühlhausen, von wo aus wir glücklich in Paris ankamen und von dem deutschen Pastor auf Berg Zion, Herrn von Bodelschwing, aufgenommen wurden. Der 16. September war ein Sonntag, und wir blieben deshalb in Paris und besuchten das Missionshaus, wo Herr Cassalis Inspektor war. Von dort gingen wir über den Triumphbogen zu den Tuillerien und in die deutsche Kirche, in welcher Herr Pastor von Bodelschwing den Gottesdienst hielt. Abends hielt ich eine Missionsstunde in der Schule. Am 17. September reisten wir weiter und kamen nachts 10 Uhr via Calais und Dover nach London, wo schon Herberge für uns bestellt war. Aber das Schiff, mit dem wir nach China reisen sollten, war noch nicht segelfertig, und es blieb uns noch viel Zeit für England, die wir uns auch aufs Beste zu Nutze machten. Das tiefste Interesse, das ein Missionar, den sein Weg nach London führt, an dieser grossen Weltstadt nehmen kann, sind die umfassenden Einrichtungen, welche dort getroffen sind, zur Verbreitung des Wortes Gottes in aller Welt durch die British and Foreign Bible Society. Mit dieser Gesellschaft aufs engste verbunden ist die Traktatgesellschaft und die Gesellschaft zur Beschaffung von christlichen Schulbüchern. Von diesen drei Gesellschaften geht ein reicher Segen aus in alle Lande, und die Basler Mission hat denselben reichlich erprobt, besonders durch gütige Darreichung von Bibeln für die chinesische Mission und Neue Testamente oder Bibelteile, sei es in der chinesischen Zeichenschrift oder mit lateinischen Buchstaben. In London sind auch deutsche Gemeinden, denen bekannte Pastoren vorstanden, wie zum Beispiel Dr. Christlieb von Ludwigsburg, Dr. Steinkopf von Stuttgart, Dr. Schöll, Th. Kübler und andere. Wir wurden von diesen eingeladen, und ich folgte gerne ihrer Aufforderung, deutsche Missionsstunden in ihren Kirchen zu halten, um Interesse für China in den Deutschen Londons zu wecken. Wir machten auch englische Bekannt- schaften unter denen obenan der Baptisten-Prediger Spurgeon steht, der gerade in Exeter Hall predigte, weil sein Predigtlokal, das er "Tabernacle" nannte, noch nicht ganz hergestellt war. In demselben sollten 6000 Personen Platz bekommen zur Anhörung seiner Predigt. Da war auch eine Memorial Hall zum Andenken an Bischof Wilson. Einen Sohn von diesem traf ich dann wieder in Hongkong, wo er als Oberbaurat von der englischen Regierung angestellt war. Andere Namen solcher, mit denen wir bekannt wurden, sind: die Brüder John und Robert Howard in Tottenham, Doktor Lasseron, George Pearce, Judenmissionar Reichhard und andere Freunde des Reiches Gottes, in deren Umgang man die Wirklichkeit davon spürt, dass es eine "Gemeinschaft des Heiligen" gibt. Will man sonst noch die Sehenswürdigkeiten Londons sich zu Nutze machen, so geht man in die St. Pauls Kirche und bewundert den kunstreichen Bau. Wir sahen auch den Leystall Palast, in welchem wir den "Messias" hörten. Dann kommt das britische Museum mit seinem unerschöpflichen Reichtum an Kunstschätzen aus dem Altertum wie aus der Gegenwart. Im Tower sieht man den Kronschatz mit dem grössten Diamanten. Gleich danach kommt das Kensington Museum, Kew Gardens, der Thames Tunnel, Hampton Court und anderes, was nützlich zu sehen wäre, wenn die Zeit ausreichte.

Unser Schiff war endlich geladen, und wir konnten reisen. Zwei weitere Passagiere vermehrten unsere Gesellschaft, nämlich Herr Pastor Krolezyk, der auch als Missionar nach China gehen wollte unter der Rheinischen Missionsgesellschaft in Barmen, und ein Herr Gaupp aus Württemberg, der zu seinem Oheim in Hongkong gehen und dort in dessen Geschäft eintreten wollte. Am 4. November 1860 lichtete unser Schiff die Anker, und wir fuhren hinaus ins wogenreiche Meer. Die heutige Losung hiess: «Du nahest dich zu mir, wenn ich dich anrufe, und sprichst: Fürchte dich nicht!» Mit dem Liedervers: «Da vergeht mir Furcht und Angst und Grämen, muss ich mich gleich immer selber schämen. Linderst Du mir alles Weh, doch durch deine liebe

Näh.» Das konnten wir uns von Stunde an aneignen. Denn in der ersten Nacht ergab sich ein Sturm, der das Schiff hin und her warf, so dass der Klüverbaum abbrach und der Steuermann viel Mühe hatte, die Splitter aus der Takelage zu entfernen. Es kamen ja auch öfters Stürme und hohe Wellen, aber aus dem allem hat uns der Herr gnädig errettet und uns auch vieles von den Wundern des Meeres sehen lassen: gefrässige Haifische, Herden von Schellfischen und ein Meerschwein[20], Albatrosse und Pinguine, Seemöwen und fliegende Fische, wie man es zum besten kennt bei einer Reise mit Segelschiff, wo keine Schaufeln des Dampfers die Bewohner des Meeres fernhalten, dass man sie nicht sehen kann. An Weihnachten waren wir bei der Insel Tristan da Cunha, umsegelten das Kap der guten Hoffnung 4 Grad südlich von Afrika und sahen kein Land, bis wir in die Nähe zweier vulkanischer Inseln kamen, St. Pauls und Amsterdam.

Um sich nicht zu langweilen bei einer langen Seereise, muss die Zeit strikt eingeteilt werden. Auch ist eine Rücksicht auf Abwechslung des Lern- und Lesestoffes durchaus notwendig. Wir hatten deutsche, englische und französische Bücher mitgebracht, besonders aber begehrten meine Frau und Herr Pastor Krolezyk Chinesisch von mir zu lernen, was mir natürlich bloss Freude machte. Morgens und abends hatten wir gemeinschaftliche Andacht und am Sonntag Gottesdienst in der englischen Sprache, woran der Kapitän teilnahm. Ein chinesisches Sprichwort sagt: «Die Zeit fliegt davon wie ein Pfeil, Tage und Monate sind gleich dem Weberschiffchen».

Ein besonderes Vergnügen auf See ist die Begegnung mehrerer Schiffe. Da wird der Name der Schiffe signalisiert, die Zeit ihrer Abfahrt vom Festland, der Name des Hafens, wo sie ausliefen, und danach werden Berechnungen gemacht, welches das schnellste Schiff sei. Wenn gerade Windstille ist, so ist der Verkehr verschiedener Schiffe miteinander leicht. Wir begegneten zum Beispiel einem Schiff, das auch nach China segelte, am Neujahrstag. Wir hatten Windstille, und da auf dem anderen Schiff "lady passengers" waren, so lud der Kapitän meine Frau zum Mittagessen auf seinem Schiff ein, indem er versprach, meine Frau in seinem Boot hin und her zu bringen. So wurde sie in einem Sessel hinabgelassen in das kleine Boot und hinübergerudert auf das andere Schiff. Ich war auch in demselben Boot, und man konnte nicht umhin, Betrachtungen darüber anzustellen, dass das Meer am gegebenen Ort 5000 Fuss tief war, von welcher Tiefe nur das kleine Boot uns trennte. Wir waren froh, als wir wieder in unserem Schiff waren. Es waren drei Schiffe, die nach China fuhren und die Namen führten: "Rajah of Sarawak", "Petchili" und "Traveller", das unsere.

13. Kapitel: Ankunft in Hongkong

Jeder der drei Kapitäne wünschte, der erste zu sein, der im Hafen von Hongkong ankommen würde, und so gingen sie Wetten ein. Als wir aber an das Ziel der Reise gekommen waren, da lagen die beiden anderen Schiffe bereits vor Anker und zwar so, dass der "Rajah of Sarawak" der erste war, "Petchili" Nummer 2 und wir zuletzt. Wir wussten uns geborgen unter Gottes gnädigem Schutz und trauten es Ihm zu, dass Er uns wohlbehalten an das Ziel unserer Reise bringen würde, um was wir Ihn auch kürzlich baten, bis wir am 10. April 1861 die Erfüllung unserer Gebete vor Augen sahen, indem der Kapitän uns zurief, dass wir schon nahe bei Hongkong seien. Nun konnten wir rufen: «Lobe den Herrn meine Seele, und was in mir ist seinen heiligen Namen. Lobe den Herrn

100

meine Seele und vergiss nicht, was Er dir Gutes getan hat», Psalm 103.

Bruder Louis von der Rheinischen Missionsgesellschaft war der erste, der an Bord kam, um uns zu begrüssen und zu glücklicher Ankunft zu gratulieren. Dann kam unser lieber Kollege, Bruder Winnes, welcher von Lilong gekommen war, uns in Empfang zu nehmen. Er führte uns in das Haus, das er für uns gemietet hatte, in welchem auch der Onkel von Herrn Gaupp, Herr Louis Heermann, wohnte. Nach diesem eilten wir dem Morrison-Hügel zu, wo das Berliner Findelhaus stand unter der Leitung von Herrn und Frau Ladendorff, denen ihre Tochter Bertha zur Seite stand, während Schwester Amalie Heidsick die Lücke ausfüllen sollte, welche durch den frühen Tod der Schwester Süsserott in dem Arbeiterkreis entstanden war. Mit Schwester Heidsick waren wir schon in London zusammengekommen. Sie fuhr aber mit dem Dampfschiff und war so viel bälder in Hongkong angekommen. Es war noch Krieg, und deshalb waren auch die Brüder Hanspach und Goeking auf Hongkong. Wir hatten somit einen recht feierlichen Empfang, und es fehlten uns nur unsere lieben Geschwister Genähr, die sich in Macao eine Wohnung gemietet hatten, weil diese auf Hongkong sehr viel teurer waren. Bruder Martig war bei ihnen als Rekonvaleszent, und nun stellte sich auch Bruder Krolezyk als Genährs Kollege bei ihnen ein.

Es lag uns sehr viel daran, so bald wie möglich die Gemeinde in Lilong zu besuchen, die während des Kriegs mancherlei Widerwärtigkeiten zu ertragen gehabt hatte, die aber das Zeugnis erhalten hatte, treu geblieben zu sein und auch in der Anfechtung vor den Heiden ein gutes Bekenntnis abgelegt zu haben. Seit dem Tod des seligen Bruders Hamberg in Hongkong und der Heimreise seiner Witwe war keine Basler Missionsfrau auf die Station gekommen, und das weibliche Geschlecht fühlte sich besonders vereinsamt. Daher war auch die Freude gross, als wir, wenn auch nur besuchsweise, bei den Gemeindegliedern einkehrten. Damals waren es der Stationen noch wenig, und sie lagen nicht sehr weit auseinander. So war vier bis fünf Stunden von Lilong die Station Hoan von der Rheinischen Mission und Pu lu wui, wo die Berliner Brüder ihr Absteigequartier hatten. In Hoan hatten sich Geschwister Genähr häuslich eingerichtet und die Missionsarbeit durch Predigt und Schulunterricht betrieben, während Bruder Hanspach von Berlin sich hauptsächlich der Reisepredigt widmete und Doktor Goeking, wo er hinkam, sich der Kranken annahm.

Wir waren am 17. Juli in Hongkong abgereist, um auf dem Festland eine Reise zu machen, auf der wir mitten durch das Volk unseren Weg nehmen wollten. Manches begegnete uns dabei, das meiner lieben Frau ungewohnt war. Doch lernte sie sich bald in die veränderten Verhältnisse schicken und begleitete mich allezeit gerne auf Reisen. Es ist auch von grosser Wichtigkeit, dass das weibliche Geschlecht herbeigezogen werde zur Anhörung der frohen Botschaft. Das sind aber die chinesischen Frauen nicht gewohnt, wenn ein Ausländer sich ihnen nahen wollte. Und eben deshalb muss die Missionarsfrau die Kluft überbrücken und die chinesischen Frauen und Mädchen an sich ziehen. Wenn die Missionarsfrau nur gut Chinesisch sprechen kann und sich einigermassen in den chinesischen Umgangsformen bewegen kann, so darf man sicher sein, dass sie die Herzen gewinnt. Am 5. August schlugen wir den Rückweg nach Hongkong ein und kamen unter Gottes gnädigem Schutz wohlbehalten wieder in unserem dortigen Heim an. Der nächste Schritt, der getan werden musste, galt der Eröffnung einer Mädchenschule.

Denn wo christliche Familien gewonnen worden waren, da musste dafür gesorgt werden, dass die Kinder christlichen Unterricht erhalten konnten. Für die Knaben bestand ja schon die Anstalt in Lilong. Aber für die Mädchen war weder ein Lokal noch eine Lehrerin, respektive Hausmutter, vorhanden. Es blieb meiner lieben Frau vorbehalten, die nötigen Vorkehrungen zu treffen, und sie nahm diese Aufgabe mit Lust und Liebe auf sich. Zuerst war es nur *ein* Mädchen, das sich als Schülerin meldete, mit welcher zusammen meine Frau der Erklärung der chinesischen Schriftzeichen zuhörte, die der Sprachlehrer den beiden "Lernbegierigen" gab.

Wie alles in China anders ist als bei uns, so besonders auch der Schulunterricht. Nach unserer Methode soll der Schüler nichts auswendig lernen, was er noch nicht versteht. Die Chinesen glauben an ein gutes Gedächtnis, und der Lehrer muss zusehen, dass seine Schüler sehr viel auswendig lernen. Und erst wenn das Gedächtnis vollgepfropft ist, wird die Erklärung für gut befunden. Was aber den Lehrstoff betrifft, so sind es die chinesischen Klassiker, welche in allen Schulen die Grundlage bilden. Jeder Schüler soll lernen, wie der Staat regiert wird, wie persönliche Tugend in allgemeiner Tugend sich entwickelt und wie also die Masse des Volks glücklich sein muss in der Ausübung der also angelernten Tugend. Das erste Schulbüchlein fängt an: «Der Mensch ist seiner Natur nach gut. Bei der Geburt sind alle gleich, in der Praxis gehen sie weit auseinander.» Es ist des Menschen schuld, wenn er in Sünde fällt. Es ist aber nicht allein die Methode, in welcher wir uns von den Chinesen unterscheiden, sondern es ist ihr merkwürdiges Sprachsystem, das einzig in der Welt dasteht und auf die verschiedenste Weise beurteilt worden ist. Herr Inspektor Josenhans war der Ansicht, dass die chinesischen Schriftzeichen ein Hindernis bilden werden gegen die Einführung des Christentums. Er wollte deshalb die Schriftzeichen abschaffen in den Missionsschulen und alles Chinesische mit lateinischen Buchstaben geschrieben haben. Er meinte sogar, die Chinesen würden sich darob freuen, wenn sie nur recht den grossen Nutzen erkannt haben würden. Die Sprachen-Frage wurde damals brennend in der Basler Mission. Aber die Chinesen wollten ihre Schriftzeichen nicht missen, denn sie sind noch im täglichen Gebrauch, und es würde eine grosse Umwälzung verursachen, wenn man den Chinesen ihre Zeichenschrift nehmen wollte.

Editorische Notiz

Das Original des hier veröffentlichten Manuskriptes befindet sich im historischen Forschungsarchiv von Mission 21, das die Akten der Basler Mission enthält[21]. Der Text besteht aus 207 Seiten im Format A5 und trägt den Titel "Selbst Biographie von Rudolph Lechler" in dessen eigener Handschrift.

Die vorliegende Transkription wurde zur besseren Lesbarkeit orthographisch der heutigen Schreibweise angepasst und sprachlich sanft modernisiert. Einige sehr spezifische Begriffe werden in einem Anhang erklärt. Ein weiterer Anhang enthält Fussnoten mit weiterführenden Informationen.

Die Namen von Personen und Ortsnamen werden in Briefen und Berichten von Missionsangehörigen sehr unterschiedlich geschrieben und lassen sich kaum vereinheitlichen. Zudem haben viele der chinesischen Orte heute anderen Namen, oder Dörfer von damals sind heute in Grossstädte integriert. Aus diesem Grund wurden die chinesischen Personen- und Ortsnamen in der ursprünglichen Schreibweise belassen.

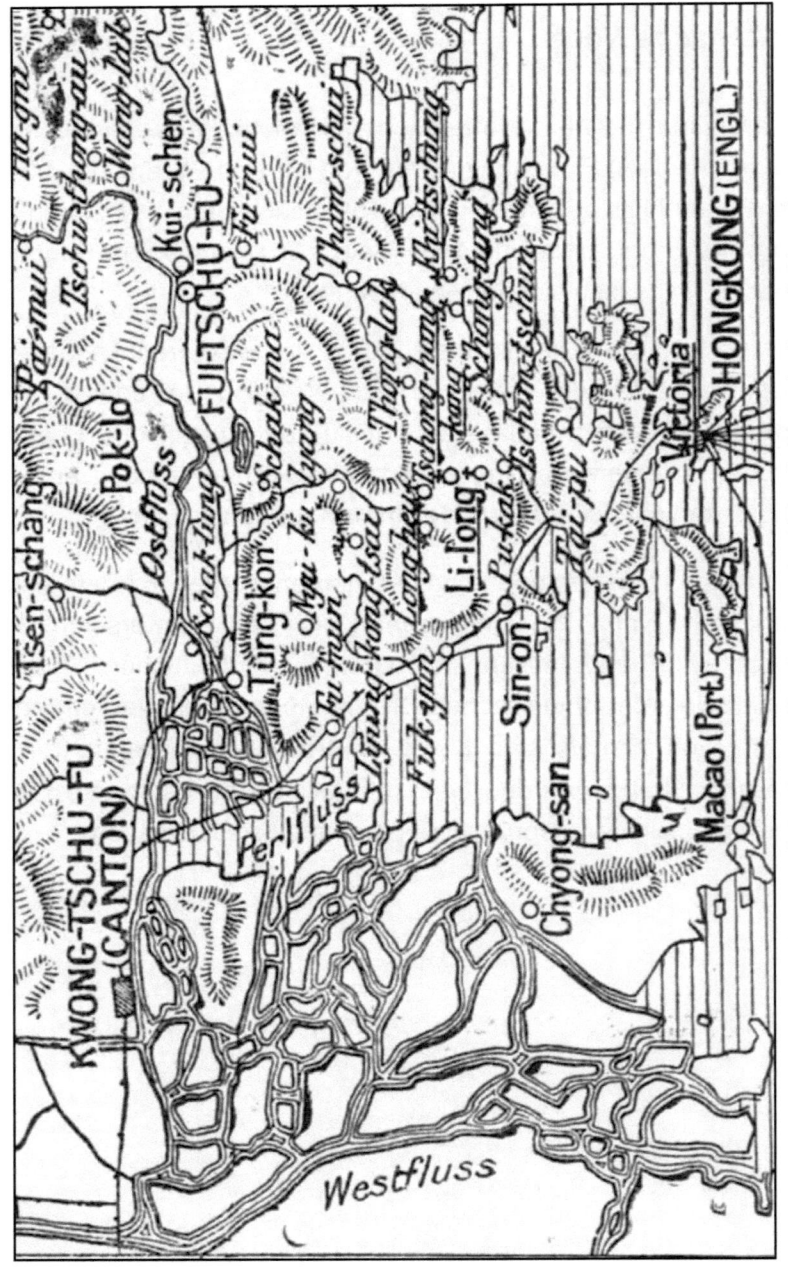

Abb. 14. "Das Arbeitsgebiet der Basler Mission in China", Ausschnitt mit Hongkong und Umgebung, 1906 in der Zeitschrift "Der Evangelische Heidenbote" abgedruckt.

Worterklärungen

ausklarieren	Begriff aus der Seefahrt: alle Pflichten erledigt haben
Amtsverweserei	Stellvertretende Verwaltung
Kaffer	Abgeleitet vom arabischen Wort "Kafir" – "Ungläubiger". Bezeichnung zweier Völker durch die Araber: der Nuristani in Zentralasien und der Xhosa in Südafrika. Der Westen übernahm den Begriff als Bezeichnung für alle Bantu-Völker in Südafrika.
Kandidat der Theologie	Vikar. Kandidaten der Theologie unterrichteten oft am Basler Missionsseminar.
Katechist	Theologisch ausgebildeter, einheimischer Mitarbeiter der Mission
Klüverbaum	Ein Rundholz, das über das Vordeck eines Segelschiffes herausragt
Lorcha	Segelschiff mit europäischem Rumpf und chinesischer Takelage
Oberamt	Eine Verwaltungseinheit im Königreich Württemberg. Das Land war in 64 solcher Einheiten unterteilt.
Omnibus	Eine Kutsche, die im 19. Jahrhundert fahrplanmässig mehrere Personen gleichzeitig transportierte.
Petent	Bewerber für die Aufnahme im Missionsseminar

Reisiger	Ein bewaffneter Reiter, der gegen Sold Kriegsdienste leistet
Vakanz	Ferien, Schulferien im Missionsseminar
Zögling	Student im Missionsseminar in Basel

Fussnoten

[1] Eine Aussenstation ist eine kleine Missionsstation, in der normalerweise nur ein einheimischer Mitarbeiter als Hilfsmissionar (Katechist) stationiert war. Er war für die Betreuung der Christen vor Ort zuständig. Einige Aussenstationen hatten auch eine kleine Schule mit einem einheimischen, christlichen Lehrer. Jede grössere Missionsstation hatte mehrere Aussenposten.

[2] Lechlers nennt die Provinz Kanton Quangtung, die Hauptstadt hingegen Kanton. Dies wird in seinem Text so beibehalten.

[3] Diese Berichte sind, ebenso wie die Autobiographie, Teil des Archivs von Mission 21 in Basel.

[4] Alle Zitate in diesem Kapitel sowie weitere Informationen über Rudolph Lechler stammen aus seinem Personenfaszikel im Archiv von Mission 21, Signatur: BMA PF Rudolph Lechler.

[5] Lechlers Reisebegleiter war Michael Bühler.

[6] Ham war einer der drei Söhne Noahs. In der Bibel wird einer von Hams Söhnen als Stammvater des Volkes in Ägypten bezeichnet.

[7] Der Chinesische Verein, auch Chinesische Union genannt, war eine von Karl Gützlaff gegründete Vereinigung mit dem Zweck der Evangelisierung Chinas durch Chinesen. Zu diesem Zweck wurden chinesische Christen von Gützlaff angestellt, die das Evangelium predigen und religiöse Traktate verteilen sollten. Was Gützlaff nicht wusste oder nicht wahrhaben wollte, war, dass viele der angestellten Chinesen ihn betrogen und weder Predigtreisen unternahmen noch die religiösen Traktate

verteilten. Letztendlich war es Hamberg, der diese Umstände aufdeckte. Der Chinesische Verein brach schliesslich nach 1855 zusammen.

[8] Rudolf Lechler (1861): Acht Vorträge über China, gehalten an verschiedenen Orten Deutschlands und der Schweiz, Basel, im Verlag des Missionshauses

[9] Die vier Bücher und die fünf Klassiker sind die beiden Kernsammlungen der Lehre des Konfuzianismus. Zu Lechlers Zeiten galten diese Lehrbücher für Chinesen als Grundlage jeglicher Bildung.

[10] Die Insel Patmos gilt als Entstehungsort der Offenbarung des Johannes (Apokalypse).

[11] vgl. Endnote 7

[12] "Riekele" war der Kosename für Lechlers Schwester Friederike Genähr-Lechler.

[13] Das Kapitel existiert nicht, da die Aufzeichnungen vorher abbrechen.

[14] Theodor Hamberg (1854): The Visions of Hung-Siu-Tshuen and Origin of the Kwang-Si insurrection

[15] Rote Ruhr oder Dysenterie ist eine hochansteckende, bakterielle Erkrankung mit blutigem Durchfall. Vor der Entdeckung der Antibiotika verlief sie oft tödlich.

[16] Der „Christian Primer" war ein einfaches christliches Lesebuch.

[17] Die Chinesen errangen 1858 einen – allerdings nur temporären - Sieg bei Dagu Fort (nicht Fa mu Fort).

[18] Das Evangelische Missions-Magazin 1887, S. 193 ff., 225 ff., 257 ff., 305 ff. und 243 ff.

[19] vgl. Fussnote 8

[20] Möglicherweise meinte Lechler damit eine Seekuh oder einen Schweinswal. Es bleibt aber unklar.

[21] Das Manuskript hat die Signatur BMA A-80.01.03.01,01

Abbildungsverzeichnis

BMA: Basel Mission Archives

HB: Der Evangelische Heidenbote, Zeitschrift der Basler Mission